LÉXICO DEL MESTIZAJE
EN HISPANOAMÉRICA

MANUEL ALVAR

LÉXICO DEL MESTIZAJE EN HISPANOAMÉRICA

V CENTENARIO
DEL DESCUBRIMIENTO
DE AMERICA

EDICIONES CULTURA HISPANICA
INSTITUTO DE COOPERACION
IBEROAMERICANA

© Manuel Alvar, 1987
Ediciones Cultura Hispánica
Instituto de Cooperación Iberoamericana
Avda. de los Reyes Católicos, 4. 28040 Madrid
N.I.P.O.: 028-87-006-8
I.S.B.N.: 84-7232-423-0
Depósito Legal: M. 18653-1987
Impreso por Talleres Gráficos Peñalara, Fuenlabrada (Madrid)

En memoria de don Angel Rosenblat

INTRODUCCION

*L*A *Real Academia Española me encargó la revisión del léxico del mestizaje. La tarea, de pronto, se complicó: todo era confuso, enmarañado y sin asideros.* Preparar el corpus léxico *no fue corta tarea. Pero me llevó a la convicción de que todo debía reordenarse si queríamos que tanto y tanto dato disperso significara algo o valiera para algo. En el* Diccionario académico *faltaban muchas cosas, lo que no quiere decir que la Academia las ignorara: simplemente estaban en las gavetas esperando su incorporación, si es que algún día se estimaba hacerlo. No en vano el Instituto había sido objeto de no pocas injusticias por culpa de este léxico. Pero el caminar del* Diccionario Histórico *tampoco nos permite esperar su pronto final.*

Teniendo en cuenta estos dos motivos, se impuso la necesidad de revisar los materiales académicos y todo debía reordenarse si queríamos que tanto y tanto dato disperso pudiera estar al alcance de los investigadores sin tener que recurrir a los ficheros de nuestra Corporación. Una nueva tarea cayó sobre mis hombros, porque la sorpresa rebasó cualquier capacidad de asombro, ya que tal es la cantidad de materiales que la Academia tiene allegados. Entonces procedí a ordenar y la búsqueda no fue tampoco fácil (¿cuántas acepciones tienen blanco, coyote, español, gentil, golfo, *etc. para encontrar la que hacía falta?), ni la ordenación de los materiales seleccionados, ni la rebusca de lo que no había. Y por otra parte, comprobar muchos textos, verificar ediciones, identificar au-*

tores, pues son materiales que todavía esperan su definitiva disposición.

No pretendo hablar de dificultades; las hay en todo, hasta en los más modestos trabajos, y el mío no es una excepción. Quería decir, simplemente, que a la Academia debo muchísimos materiales de la segunda parte. Los de la primera —y, claro, otros de la segunda— son los que yo aporto. He trabajado en bibliotecas españolas y en bibliotecas de América: en todas partes he sido atendido y ayudado. Quiero que conste mi gratitud especial a la biblioteca de la Universidad de Nueva York, en Albany, donde la eficacia del servicio hace fácil cualquier trabajo. Y quiero dar las gracias más rendidas a la sección de reprografía de la Real Academia Española, donde se fotocopiaron unas 19.000 papeletas que necesité en mi estudio, así como al personal de la Biblioteca y del Seminario de Lexicografía de la Institución.

Dedico el libro a mi amigo el profesor Angel Rosenblat. He dicho en otra ocasión de nuestro afecto, pero esto no es bastante. Escribió un libro ejemplar del que mucho me he servido. Sea este ofrecimiento la gratitud de un investigador español a un gran investigador de América. Y ojalá pueda yo expresar unos sentimientos que, aunque personales, son también de todas las gentes nacidas en esta banda de la mar [*].

Manuel Alvar

Real Academia Española

---

[*] Un resumen de mi trabajo lo expuse en San Juan de Puerto Rico (4-X-1982) como lección inaugural del I Congreso Internacional de Lingüística de América Latina.

PRIMERA PARTE

ESTUDIO DE LA CUESTION

Los habitantes de las colonias, por una refinada vanidad, han enriquecido su lengua, dando nombres a las más delicadas variedades de colores, nacidos de la degeneración del color primitivo. Será útil dar a conocer estas denominaciones, con tanta mayor razón, cuanto que muchos viajeros las han confundido; y esta confusión obscurece la lectura de las obras españolas que tratan de las posesiones americanas.

Humboldt, Ensayo político de la Nueva España, libro II, cap. VII.

Écrire l'histoire des préjugés, ce serait écrire l'histoire de l'orgueil humain en général et de l'orgueil de charque homme en particulier.

Souquet-Basiège, Le préjugé de race aux Antilles Françaises [1883], p. 14.

INTRODUCCION

En los albores del siglo XVII (1605, 1609), el Inca Garcilaso se dio cuenta de que la sociedad americana presentaba una extraña complejidad. El, que, por su condición de mestizo, sabía muy bien de dos mundos encontrados, acertó a identificar los hechos y nos dejó unos comentarios de los que debemos partir. No es que tal o cual término no hubiera podido rastrearse con anterioridad, como, en efecto, podemos documentar, sino que Garcilaso sintió los hechos subjetivamente y aun quiso valorarlos [1]. Porque es verdad que un documento peruano de 1570 dirá que en el país «hay muchos mulatos y *zamba higos*, y indios sueltos y negros horros» [2], o que, por 1560, Cervantes de Salazar habló de los *indios ladinos* de Nueva España [3], pero lo que interesa señalar es el aluvión de términos que el Inca recoge, identifica o aclara:

---

[1] Para la cuestión en general, *vid. Un mundo en mestizaje*, apud Ph. I. Andre-Vincent O. P., *Derecho de los Indios y desarrollo en Hispanoamérica*, trad. F. Ortiz, Madrid, 1975, pp. 143-162. Manuel Antón había señalado muchos años atrás la importancia de los cronistas para este asunto (*Antropología o historia natural del hombre*, Madrid, 1927, pp. 27-34). Hay una abundante copia de datos en el capítulo IV (*Los primeros contactos de los españoles y las indias*) de la obra de José Pérez de Barradas, *Los mestizos de América*, «Col. Austral», núm. 1610, pp. 73-97.
[2] *Vid.* Vocabulario, s.v. *zambahigo*.
[3] *Ibidem*, s.v. *ladino*, nota.

De español e india serrana nace mestizo. Museo Etnológico de Madrid

De español y melliza nace castiza. Museo Etnológico de Madrid.

De mulato y mestiza nace cuarterón. Museo Etnológico de Madrid.

De mestizo con india nace cholo. Museo Etnológico de Madrid.

castizo, criollo, cuarterón, cuatralbo, cholo, guineo [4], etc. Tenemos que cien años después de la conquista había cristalizado una sociedad en la que los diversos cruces de sangre habían hecho nacer una terminología nada fácil y ya complicada.

Pero, en el siglo XVIII, se registró el producto de tantos mestizajes en una serie de pinturas tardíamente identificadas; aparte, claro está, de lo que vio la atención despierta de los viajeros y científicos españoles y, desde el año en que el siglo se inicia, el interés avivado de sabios que hoy llamaríamos antropólogos y etnólogos. Este fue el caso de J. J. Virey, investigador francés, que, en su *Histoire naturelle du genre humain* (1.ª edic., 1801), escribe unas breves páginas en las que se hace cargo de lo que entonces se sabía acerca de tales cruces [5]. Tan parcos materiales tuvieron un singular valor, pues fueron la piedra de toque a la que referir una serie de hallazgos, ya desvinculados de la biología: son los cuadros a los que me he referido en líneas anteriores y a los que de inmediato voy a tratar.

Aparte de estas cuestiones, que son las que fundamentalmente me van a ocupar, Humboldt en su célebre *Ensayo político sobre la Nueva España* planteó los problemas del mestizaje desde bases muy amplias: filosóficas, morales, históricas, religiosas, antropológicas, y su libro, publicado en español en 1822, tuvo la gran repercusión que merecía. Raro es el capítulo donde no se encuentren observaciones válidas y, para nuestro objeto, basta con enumerar una serie de referencias: libro II, capítulos VI, VII. La ponderación y el buen juicio de los valores relativos serían los grandes méritos de esta obra excepcional.

Un famoso hombre público mejicano, don Lucas Alamán, publicó en 1849 el tomo I de su monumental *Historia de Méjico*.

---

[4] La explicación de cada coz consta en el lugar pertinente del *Vocabulario* de este libro.

[5] Pero los informes de Varey no son originales: proceden del *Essai politique sur la Nouvelle-Espagne*, de Humboldt (t. I. p. 130, libro II, cap. VII). *Vid.* las pp. 128-131 del t. II de Varey en la reimpresión de Bruselas (1834), que tengo a mi alcance.

En el capítulo I del libro I, expuso con probidad y mucho saber la nueva población que se generó con la conquista: aunque las castas son parcamente tratadas en su aspecto técnico, resultan de incalculable valor sus apuntes sobre la organización, estructura y condiciones de cada uno de los grupos sociales que considera en su estudio [6].

En 1895, Alfonso L. Herrera y Ricardo E. Cícero, con motivo de la XI Sesión del Congreso de Americanistas, publicaron el *Catálogo de la colección de Antropología del Museo Nacional*. En las páginas 86-90 se incluye el trabajo *Mestizos de México*, que voy a considerar. En este viejo estudio se plantea una cuestión preliminar de la que todos los investigadores se han hecho cargo: «la confusión que nace de ser designaciones con nombres idénticos castas diferentes; por atribuirse por ciertos autores a determinadas castas denominaciones que no le corresponden [...] y, sobre todo, porque ninguno describe cuáles son los caracteres propios de cada una de las castas» (págs. 86-87). A pesar de los años transcurridos, este trabajo mantiene su interés porque con él, R. Cícero redujo la teoría del mestizaje al sistema de Broca, y aunque su cuadro tiene un carácter muy general, sirve para explicar alguna de las denominaciones y la causa de ciertas confusiones.

El estudio de todas estas cuestiones en el siglo XX nos lleva ya a análisis que afectan a las estructuras actuales, bien lejanas de los planteamientos que motivan los trabajos anteriores. Si consideramos, sólo, la situación que determina la terminología, que va a ser objeto de este libro, tales estudios no amplían lo que sabíamos o las aportaciones léxicas que yo hago; por otra parte, la enorme complejidad que ha adquirido el mestizaje ha hecho perder vigencia a una nomenclatura que —a pesar de todo— afectaba a cruces que se podían rastrear. Hoy es imposible, y tal léxico, en su mayor parte, ha quedado arrumbado al mundo

---

[6] Cito por la tercera edición de la Editorial Jus, Méjico [*sic*], 1972. Las designaciones de las castas están en la p. 14, nota 3.

de lo pintoresco. Y eso que no toma en consideración el aporte de los asiáticos en algunos países, con lo que la complejidad se complica más.

He presentado el origen del problema y cómo se sintió la terminología. Después, estudios como los de León, Pérez de Barradas, Rosenblat, Woodbridge, Moreno Navarro o Caro Baroja, motivan el análisis y aclaración de los aportes anteriores, pero ya estamos en la elaboración científica de nuestro tiempo. A ella me referiré constantemente a lo largo de estas páginas.

RAZAS Y CASTAS

QUIENES pintaron y escribieron no eran antropólogos, ni biólogos, ni sociólogos. Eran hombres curiosos que querían representar la realidad que los cercaba. ¿Qué valor científico pueden tener sus apreciaciones? El *Diccionario* académico dice que raza es 'casta o calidad del origen o linaje' y, también, 'cada uno de los subgrupos en que se subdividen algunas especies botánicas y zoológicas y cuyos caracteres se perpetúan por herencia', mientras que *casta* es 'generación o linaje'[7]: como se ve las cosas están poco claras o, mejor, están poco diferenciadas, porque de otra suerte de castas nos hemos alejado desde el inicio del trabajo: 'parte de los habitantes de un país que forma clase especial, sin mezclarse con las demás, unas veces por considerarse privilegiada y otras por miserable y abatida'. Lo que vienen llamándose *castas coloniales* son, pues, lo menos parecido a esas otras castas de la India, de Ceilán, de Nepal, de Pakistán[8]; son el resultado de la fusión de sangres distintas o, sim-

---

[7] Cfr. *Symposium on Caste and Race: Comparative Approaches*, edit. A. Reuck y J. Knight, Boston, 1967. Un resumen de estos problemas generales se puede leer en Isidoro Moreno Navarro, *Los cuadros del mestizaje americano. Estudio antropológico del mestizaje*, Madrid, 1973.

[8] Recuérdese el libro clásico de Jogendranath Bhattacharya, *Hindu Castes and Sects; an Exposition of the Origin of the Hindu Caste System and the bearing of the Sects towards each other and towards other Religious Systems*, Calcuta, 1896, y el no menos famoso de Friedrich Ratzel, *The History of*

plemente, como dice la Academia, 'generación'[9]. Para los biólogos las cosas tampoco son nada fáciles, si por *raza* se entiende una percepción de diferencias somáticas, como apunta Molnar[10], tras haber señalado la inseguridad del propio significado de la palabra[11]; si Boule propuso una definición que transmitió Pittard, sólo porque convenía al enfoque de su estudio («On doit entendre par race, la continuité d'un type phisique, traduisant les affinités de sang, représentant un groupement essentiellement naturel, pouvant n'avoir, et n'ayant généralement rien de commun avec le peuple, la nationalité, la langue, les moeurs qui répondent à des groupements purement artificiels, nullement anthropologiques et ne relevant que d'histoire dont ils sont les produits»[12]); si, como quiere Blanchard, casta es el resultado de una mezcla de razas[13] o, por último, si la inconsistencia de lo que el término significa «is one of the problems that has continually plagued anthropo-

---

Mankind (trad. A. J. Butler), Londres, 1896-1898 (tres vols.); el original alemán *Völkerkunde* es de 1885-1888. Cfr. también, Célestin Ch. A. Bouglé, *Essais sur le régimen des castes*, París, 1969; Louis Dumont, *Homo hierarchicus: the Caste System and its Implications* (trad. M. Sainsbury), Chicago, 1980.

[9] Y así se empleaba el término en el viejo español americano. Cfr.: «Que no se les impongan a los indios más fiestas qe. las qe. tenían [...] qe. en las Fiestas para otras *castas*, que no obligan a los Indios, puedan estos trabajar a aquellos» *(Conc. III*, p. 20, § 9).

[10] Stephen Molnar, *Races, Types, and Ethnic Groups. The Problem of Human Variation*, Englewood Cliffs, N.J., 1965, p. 1. Un resumen sobre las teorías acerca del concepto de *raza*, se puede leer en Moreno, pp. 1-4 y 21-33. El significado de la voz, con proyección americana, en Pérez de Barradas, pp. 35-51.

[11] Léase, por ejemplo, el prefacio que Oliver Cromvell Cox puso a su libro *Caste, Class, & Race. A Study in Social Dynamics*, Nueva York, 1948; también la p. 8. Cfr. A. M. Hocart, *Caste. A Comparative Study*, Nueva York, 1968.

[12] Eugène Pittard, *Les races et l'Histoire. Introduction ethnologique à l'Histoire*, París, 1924, p. 4. Un resumen de diversas cuestiones, en Mörner, pp. 15-25.

[13] R. Blanchard, *Encore sur les tableaux de métissage du Musée de México* («Journal de la Société des Americanistes», VII, 1910, p. 51).

logists for generations in their attempt to study man» [14], tendremos que será dicícil utilizar el término con precisión porque nosotros difícilmente seríamos capaces de ordenar lo que los técnicos no tienen demasiado claro. En mi estudio utilizo una terminología que quiere ser comprensible: *raza* son los troncos bien definidos en un momento dado (blanco, cobrizo, negro), con independencia de que cada uno de ellos en ese momento dado pueda ser producto de otras mil mezclas; *casta*, los híbridos que resultan del cruce de razas o de éstas con los híbridos de los diferentes cruces [15]. Creo que esto nos sitúa en el problema tal y como lo conocieron quienes acertaron a transmitirnos esos productos del mestizaje. Y hemos de ser consecuentes con unos postulados iniciales: las diferencias se hacían por el color de la piel, aunque, hoy sepamos que éste no es un rasgo fundamental [16], pero, evidentemente, muy fácil de percibir, por más que luego vengan enmascaramientos y, en contrapartida, retrocesos [17].

Los cruces entre seres de distintos colores no son, como tantas veces se ha dicho, consecuencia de la conquista, sino resultado de la colonización [18]. Y los españoles vivieron y convivieron con indios y negros por más que cada grupo enfrentado viera en la existencia del mestizaje una serie de motivos normalmente negativos: actitudes, prevenciones y prejuicios florecieron por doquier. Tildar a los castellanos de racistas es faltar a la verdad, y válganos las palabras de don Angel Rosenblat tan llenas de ponde-

---

[14] Molnar, *op. cit.*, p. 15. El autor había recogido una serie de definiciones de términos en sus pp. 13 y 14.

[15] Tal es el uso que, por claridad y sencillez, hace también el general D. Vicente Riva Palacio en el t. II de su monumental obra *México a través de los siglos* (cap. II. Año de 1600. Estado de la colonia al terminar el siglo XVI. Razas y castas, p. 472 a).

[16] Molnar, p. 65. *Vid.*, también, el muy importante cap. VII, lib. II, de la obra de Humboldt. Cfr. Antón, pp. 376-390.

[17] Así ocurre también en la India, donde el verdadero nombre de 'casta' es *varna*, que significa 'color' (Cox, p. 93, y, especialmente, las pp. 99-103).

[18] Pittard, p. 13; *vid.* Carlos Aquiles Herrera, *El criollismo limeño*, Lima, 1144, p. 17.

ración y equilibrio: que existan hoy los pueblos hispanoamericanos con una personalidad tan definida, y tan poco parecida a la de Haití o los Estados Unidos [19], es consecuencia, principalmente, de la coexistencia y no de la eliminación de los grupos [20]. Que el prejuicio existió es evidente, pero no juzguemos el siglo XVI con las ideas del siglo XX [21] y aun así mucho tendríamos que puntualizar, no con la barbarie racista, sino con ideas de los científicos. Eugène Pittard ha escrito pensando en los mestizos de la América española: «Et l'on sait ce que sont devenues les descendants das Mexicains et des Incas: par leur aspect et leur culture, beaucoup d'entre eux ne son guère plus que des caricatures américo-espagnoles assez lamentables» (pág. 586) [22]. Frente a unas valoraciones despectivas [23], el otro platillo de la balanza

---

[19] Países en los que el racismo, aunque de signo contrario es evidente: que en Estados Unidos la guerra de secesión sirvió para igualar legalmente a blancos y negros no quiere decir que la segregación social no exista, y es harto conocida (*vid.* lo que comenta Pittard, p. 589, a propósito del egoísmo de casta de los blancos en el país). Sobre Haití poseemos un viejo libro, reeditado recientemente: G. Souquet-Basiège, *Le préjugé de race aux Antilles Françaises. Étude historique* [1883], Fort-de-France, 1979. Sobre el tema del prejuicio racial se escribió una obra cuyo protagonista era Ogé, el héroe nacional; su autor, Pierre Faubert, fue ayudante de campo y secretario particular del presidente Boyer; en el Liceo Nacional de Puerto Príncipe, del que era director, se representó el drama *Ogé ou le préjugé de couleur*, publicado en París, 1856. Pero en Haití también hubo racismo negro, que llegó a la Constitución (cfr.: *Lengua y sociedad: las Constituciones de América*, trabajo recogido en el libro *Hombre, Etnia y Estado*, Madrid, 1986).

[20] Cfr. Claudio Esteva Fabregat, *El mestizaje en Iberoamérica* («Revista de Indias», XXIV, 1964, pp. 283-354); José Antonio Calderón Quijano, *Población y raza en Hispanoamérica* («Anuario de Estudios Americanos», XXVII, 1970, pp. 733-785).

[21] Para las discusiones sobre razas superiores e inferiores me remito a Pittard, pp. 586-589, entre otras referencias, y Molnar, p. 144.

[22] Parece un eco de Varey: «les moeurs se pervertissent en proportion de ces mélanges» (II, p. 133).

[23] Y aun habría que tener en cuenta las consideraciones morales, que no me interesan aquí, pero que mucho contaron. Con frecuencia los cruces eran resultado de concupiscencia y, por tanto, se valoraban negativamente. Fuera ya de viejos conceptos, Alejo Carpentier daría un sesgo distinto a

cuenta con una especie de mística del cruzamiento: desde el célebre ensayo de Vasconcelos [24] se viene soñando con una «raza solar» en la que el mestizo será el hombre del futuro; el mestizaje una selección de los mejores caracteres de cada raza y, en él, la solución a los problemas de América [25].

Pero con prejuicios y todo, no se puede olvidar que Nicolás de Ovando llevaba a Indias una célula del 29 de marzo de 1503 en la que los Reyes recomendaban a su Gobernador que «procure que algunos cristianos se casen con algunas mujeres indias, e las mujeres cristianas con algunos indios» [26]. Era la primera conciencia legal del mestizaje que debía nacer [27].

Claro que las exageraciones son cosa temperamental y se producen en todos sitios: pensar que el mestizaje es un acto digamos planificado es faltar al conocimiento más elemental de la naturaleza humana; será fruto de la rijosidad o del mutuo antendimiento, pero veo difícil que se puedan aceptar explicaciones como las de Pío Jaramillo: «El cruzamiento fue la puerta de escape que encontró el indio para elevarse sobre la situación creada por el colonizador, pagando el tributo de la raza a la lascivia de sus amos y a la ambición de los caciques», bien que a renglón seguido escriba: «es indudable que el gobierno español, sí puso

---

las cosas, pero sin quebrar viejos motivos: «Lo tenía agarrado por donde yo sé, porque la mulata y la chola nacen con el Demonio entre las piernas» (*El recurso del método*, La Habana, 1971, p. 129).

[24] *La raza cósmica*, «Col. Austral», Buenos Aires, 1948 (hay muchas ediciones).

[25] Las especies que cito en el texto figuran en las pp. 4, 99, 107, 109, 111 y 121 de la obra del ecuatoriano Rodrigo A. Chávez González (Rodrigo de Triana), *El mestizaje i su influencia social en América*, Guayaquil, 1937. Véanse los caps. III-VI del libro tercero de la obra de Rodolfo Barón Castro, *La población de El Ecuador. Estudio de su desenvolvimiento desde la época prehispánica hasta nuestros días*, Madrid, 1942.

[26] La real cédula está en los «Docs. Inéditos Indias», XXXI, pp. 174-179.

[27] Cfr. Lesley Byrd Simpson, *Los conquistadores y el indio americano* (trad. E. Rodríguez, Barcelona, 1970, especialmente el capítulo primero). El cotejo entre la colonización española y la inglesa es tenido en cuenta por Antón (pp. 311-317).

empeño en aliviar y proteger al indio, pero el verdugo de éste fue el criollo y, sobre todo, el mestizo» [28].

Si queremos devolver el fiel a su equilibrio, es necesario llamar a la ponderación, pera resolver tantas exageraciones y aporías. No voy a entrar en consideraciones históricas o sociales que han sido estudiadas —y muy bien estudiadas— por otros [29]; me interesa señalar unas ideas que puedan servir de pórtico al estudio de un léxico que, creo, nunca se ha considerado en conjunto. Y entonces nos es necesario saber de las diferencias entre los grupos porque nos ayudarán a entender los tipos humanos y los atuendos que ciertos cuadros nos ofrecen, veremos en ellos la confirmación de lo que podemos aprender en otras fuentes y, también, por qué ciertos caracteres recesivos se cumplen más en unas que en otras razas. Porque las razas puras valían más que las castas [30], porque había limitaciones en el uso de las armas [31] o en la riqueza de

---

[28] Pío Jaramillo Alvarado, *El indio ecuatoriano* (3.ª ed.), Quito, 1936; ambas citas procedente de la p. 25. Ciertas causas del mestizaje, válidas también para la América española, se pueden encontrar en Cox (p. 373): los indios no tenían un sentido, digamos, nacionalista y su organización, por grande que pudiera ser, se perdía en la inmensidad de los territorios. Añadamos la postura de la Iglesia que favoreció los cruces. Véanse también los estudios de Pérez de Barradas, ya cit., pp. 52-72, y Richard Konetzke, *El mestizaje y su importancia en el desarrollo de la población hispanoamericana durante la época colonial* («Revista de Indias», VII, 1946, pp. 7-44), y *La legislación española y el mestizaje en América* («Revista de Historia de América», núms. 53-54, 1962, pp. 176-181) y el vol. XXIV (1964) de la «Revista de Indias» dedicado al «Estudio sobre el mestizaje en América. Contribución al XXXVI Congreso Internacional de Americanistas».

[29] *Vid.* la bibliografía que se aduce en los trabajos que cito abreviadamente por Rosenblat, Mörner y Solano. Léanse los numerosos textos que bajo *Privilegio de Indios*, se incluyen como apéndice al t. I de la obra de Vera.

[30] León, p. 8. En otro sentido, valen los textos que transcribe Humboldt (lib. II, cap. VI, p. 71 *b*).

[31] En 1551, los negros y lobos, libres o esclavos no podían llevar nunca armas (León, p. 9); en 1568, ni mulatos ni zambaigos, y los mestizos sólo con autorización (*ib.*, p. 10); en 1628, tampoco los esclavos que acompañaron a su amo (*ib.*, p. 11).

los vestidos. Así, por ejemplo, se sabe que el atuendo de una negra no podía, según una ordenanza de 1571, llevar oro, perlas ni seda, salvo que estuviera casada con español, que entonces queda autorizada para «traer unos zarcillos de oro, con perlas y una gargantilla, y en la saya, un ribete de terciopelo, y no puede traer, ni traigan mantos de burato, ni de otra tela, salvo mantellinas, que lleguen más abajo de la cintura» [32]. Concolorcorvo que escribe justamente por los mismos años [33] en que se pintan los cuadros del mestizaje, cuenta una historia ocurrida en Córdoba (Argentina), que viene a ilustrar con viveza lo que dice con frialdad la prosa administrativa:

> No permiten a los esclavos, y aun a los libres que tengan mezcla de negro, usen otra ropa que la que se trabaja en el país, que es bastantemente grosera. Me contaron que recientemente se había aparecido en Córdoba cierta mulatilla muy adornada, a quien enviaron a decir las señoras que vistiese según su calidad, y no habiendo hecho caso de esta reconvención la dejaron descuidar y, llamándola una de ellas a su casa, con otro pretexto, hizo que sus criadas la desnudasen, azotasen, quemasen a su vista las galas y le vistiesen las que correspondían a su nacimiento [34].

Por otra parte, sabemos, desde que Mendel estableció sus célebres leyes sobre la herencia, qué son genotipos o caracteres dominantes y qué fenotipos o caracteres recesivos, qué combinaciones pueden producirse en los cromosomas y qué resultados derivan de ello. Más aún, que la raza negra impone sus rasgos en

---

[32] León, p. 10. *Vid.* los informes propios y ajenos, que recoge Carlos Aquiles Herrera en *El criollismo limeño*, Lima, 1944, pp. 14-16. También Caro Baroja, pp. 18-19.

[33] Citaré por la edición de París, 1938. El texto que transcribo está en las pp. 67-68.

[34] La ostentación limeña fue descrita por fray Antonio de Calancha, en un texto recogido por Herrera, *op. cit.*, pp. 17-18.

tanto la india los debilita, con lo que se explicaría alguna de las sorpresas de Blanchard [35] y que los antropólogos han señalado que el salto atrás de mulato a blanco tiene un cráneo mucho más pesado que el del mismo retroceso cumplido hacia negro [36].

Dejemos las cosas planteadas en numerosas cuestiones que ahora no son de mi incumbencia, ni podría tratarlas con un mínimo de competencia. Existió una separación en los diversos estamentos sociales, pero ni la legislación, ni los moralistas, ni los prejuicios de clase fueron suficientes para que hombres y mujeres se mezclaran; y la preocupación de la Corona fue bien propicia a favorecer el mestizaje. Lo que los hombres interpretaron o no cumplieron es harina de otro costal. Pero hay otro modo de que los acercamientos se produzcan; me refiero a las coincidencias de tipo cultural, que Humboldt señaló con palabras no exentas de belleza. Así, en la Academia de Bellas Artes de Méjico puede verse que

> (en un país en que tan inveteradas son las preocupaciones de la nobleza contra las castas) se hallan confundidas las clases, los colores y razas; allí se ve el indio o mestizo al lado del blanco, el hijo del pobre artesano entrando en concurrencia con los de los principales señores del país [37].

Y otro tanto habría que decir en el mundo de las ciencias experimentales. Las uniones se produjeron por diversos caminos y los frutos de los cruces fueron sorprendidos en unos cuadros —muchas veces hermosos y siempre muy interesantes— del siglo XVIII; la literatura se ocupó de todo ello y la lingüística aún sigue afectada por una parcela, nada desdeñable, de lo que fue

---

[35] II, pp. 52-53. Aunque Herrera-Cícero (p. 89) y Riva Palacio (p. 472 b) ya habían explicado el hecho.

[36] Pittard, p. 587. Añadamos que de muy antiguo se sabe que, en las mezclas humanas y caballares, la forma de la cabeza es más parecida a la del padre que a la de la madre (Varey, II, 132).

[37] Lib. II, cap. VII, p. 80 a. Cfr., también, Antón, pp. 545-548.

la vida colonial. No quiero demorarme en problemas que en definitiva me son ajenos, pero tampoco quiero silenciar hechos que, al menos, establecen muy claras diferencias. Nada de esto resultó comparable a una ley, que puedo aducir. Su largo título y las explicaciones que en él se dan me evitan mayor comentario; simplemente, copio el enunciado:

> Ley porque V. magestade ha por bem, que não haja neste Reyno pessoa alguma de hum, & outro sexo, que use de trage, lingoa ou gerigonça de Ciganos, nem das chamadas buenas dichas, & os chamados ciganos, ou pessoas que con taes se tratam, não morem juntos, mais que athe dous cazaes em cada rua, nem andem juntos pelas estradas, nem passarão juntos ellas, ou campos, nem tratarão em vendas, & compras de bestas, se não que no trage, lingoa, & modo de viver usem do costume da outra gente das terras; & o que contrario fizer incorrer na pena de açoutes, & sendo mulher para o Brasil pela maneyra que assima se declara [38].

---

[38] Em Lisbona, dez de Novembro de mil setecentos, & outo. Cfr. Boxer, *Woman*, p. 27.

De indio y negra nace lobo. Museo Etnográfico del Trocadero.

De español y mulata nace morisco. Museo Etnográfico del Trocadero.

LOS CUADROS DEL MESTIZAJE

E. T. HAMY, conservador del Museo Etnográfico del Trocadero, compró en una librería del Quai des Grands-Augustins diez cuadros pintados sobre cobre (34×46 cm.) en los que había una teoría del mestizaje. Las pinturas eran de Ignacio de Castro [39], pintor poblano que floreció en el último tercio del siglo XVIII, y correspondían a una serie que debió tener 16 cuadros y que, en cuanto pudo, fueron descritas por su descubridor [40]. El doctor Hamy dio un cuadro del mestizaje que se ha reproducido otras veces y que, partiendo de los pocos datos que poseía, tiene un valor puramente orientador. Baste pensar que la colección completa del Trocadero no permitía identificar más que 16 tipos de mestizaje [41] y la nomenclatura que estudio en estas páginas es un conjunto de 82 términos.

---

[39] Se salvaron el 5 (español×mulata=morisco), 8 (indio×negra=lobo), 9 (lobo×negra=chino), 10 (chino×india=cambujo), 11 (cambujo×india=tente en el aire), 12 (tentenelaire×mulata=albarazado), 13 (albarazado×india=barcino), 14 (barcino×india=campamulato), 15 (indio×mestizada=coyote), 16 (indios mecos, nombrados apaches).

[40] Las obras se aducen minuciosamente, según la abreviatura que uso, en la *Bibliografía* que hay en las páginas finales.

[41] A través de Quatrefages, la terminología —con gravísimas erratas— pasó a J. Deniker. *The Races of Man: An Outline of Anthropology and Ethnography*, Nueva York, 1909, p. 542, nota 1. Quatrefages fue el famoso antropólogo que, en 1887, estableció la existencia de tres razas (blanca, amarilla y negra), subdivididas en numerosos grupos. Eugène Pittard apenas

De lobo y negra nace chino. Museo Etnográfico del Trocadero.

De chino e india nace cambujo. Museo Etnográfico del Trocadero.

De cambujo e india nace tente en el aire. Museo Etnográfico del Trocadero.

De tente en el aire y mulata nace alvarazado. Museo Etnográfico del Trocadero.

Poco después del descubrimiento, que Hamy no fechó, otro investigador francés, R. Blanchard (1907) vio en el Museo Nacional de Méjico una serie completa de estos cuadros y un gran lienzo en el que figuraban las consabidas figuras (padre, madre, hijo) de cada grupo [42]. Su descripción, a veces peca de incierta [43], y dio —frente al esquema de Hamy— unas escalas de proporcionalidad de cada sangre de las que entran en la mezcla y una tabla centesimal del mestizaje. Tres años más tarde (1910) volvió sobre el tema, amplió su información, enriqueció sus datos y presentó unas claras reproducciones de los cuadros y de la tela [44]. Además dio noticia de los cuadros del Museo de Historia Natural de Madrid, y anunció su estudio con el profesor J. Bolívar [45]. Estos cuadros son los que ahora están en el Museo Antropológico, según Barras de Aragón (pp. 158-159), y que han suministrado información a Antón, Caro Baroja y al propio autor del informe. En buena parte proceden de ellos las referencias del valioso estudio de Aranzadi.

Franz Heger, director del Museo de Historia Natural de Viena, volvió sobre la cuestión (1912) al dar a conocer una quinta

---

si trató del mestizaje al hablar de las razas americanas: al parecer sólo conocía el artículo de Hamy cuya nomenclatura, según él, era «tres compliquée» (*Les races et l'Histoire*, París, 1924, p. 557, nota 1).

[42] Blanchard, I, pp. 60-61.

[43] Blanchard estuvo mal informado: esta colección perteneció al general Riva Palacio; se compró en 1902 y era conocida por las muchas personas que se interesaron en el asunto (León, p. 47).

[44] Blanchard II.

[45] *Ibidem*, p. 56, nota 1. El trabajo que designo como Blanchard II fue abusivamente aprovechado por alguien que firmó con el pseudónimo Azteca; virtualmente, es una traducción abreviada, y en ocasiones con erratas, en la que no se añade absolutamente nada y, en algún caso (por ejemplo, p. 248), se ha copiado mal y se ha mutilado la lista; por tanto, no tomo en consideración esta servil copia. (Azteca publicó su artículo en el «Mundial Magazine», II, 1912, y lo reprodujo en los «Anales del Museo Nacional de Arqueología, Historia y Etnografía», México, t. IV, 1912, pp. 239-248, cito por esta reimpresión. Las únicas reproducciones que se imprimen son las que ya había publicado Blanchard, y que tanto se han repetido).

De albarazado e india nace barcino. Museo Etnográfico del Trocadero.

De barcino e india nace campamulato. Museo Etnográfico del Trocadero.

colección muy incompleta (sólo 10 cuadros [46]), que, desde 1883, se custodiaba en el centro del que era responsable. La colección procede del castillo de Miramar, en Trieste, a donde la enviaría Maximiliano en el tiempo de su efímero imperio mejicano. En la página 462 de su trabajo, el propio Heger habló de los diez cuadros que capturó el almirante Westrow y que ofreció a su hermana, Dorothy, madre de Sir Edward Hulse: la colección iba destinada al rey de España [47]. Heger se limitó a transcribir y ni siquiera describió los cuadros [48].

Mucho mejoraron las cosas en 1924: el doctor Nicolás León, jefe del Departamento de Antropología Anatómica (Museo Nacional de Arqueología, Historia y Etnografía), publicó las *Noticias etno-antropológicas de las castas del México colonial o Nueva España*, que fue —y sigue siendo— el más rico filón para nuestro objeto. Porque León se hizo cargo de los informes que hay en las colecciones del Trocadero, de Madrid, de Tulse [49], del Mu-

---

[46] Son los siguientes: 1 (español×india=mestizo), 2 (español×mestiza= castiza), 4 (español×negra=mulato), 5 (mulato×española=morisco), 6 (español×morisca=albino), 1 (indio×loba=zambaigo), 10 (zambaigo×india=albarrazado), 15 (mestizo×mulata=campamulato), 18 (jíbaro×loba= barcino), 19 (barcino×zambaiga=jenízaro). Franz Heger, *Einer weitere neue Serie von Oelbildern, welche die Mischungsverhältnisse der verchiedenen Rassen in Mexico zur Darstellung bringt* («Proceedings of the XVIII Session», en el International Congress of Americanists, Londres, 1912, t. II, pp. 461-463).

[47] Heger, p. 462. La transcripción que hace el investigador alemán es mala y la repito aquí, prescindiendo de los tres primeros cuadros que no tienen que ver con el mestizaje: 4 (español×india=mestizo), 5 (español× mestiza=castiza), 6 (castizo×española=español), 7 (mestizo×india=coyote), 8 (mulato×mestiza=mulato, torna atrás), 9 (indio×loba=grifo,tentenelaire), 10 (lobo×india=lobo, tornatrás), 11 (negro×india=lobo), 12 (español×morisca=albino), 13 (español×mulata=morisca), 14 (español×negra=mulato).

[48] Las pinturas se presentaron en el XVIII Congreso Internacional de Americanistas (Londres, 1912).

[49] Es la aprehendida por Westrow y se pretende pintada por un hijo natural de Murillo.

De indio y mestiza nace coyote. Museo Etnográfico del Trocadero.

Indios mecos nombrados apaches. Museo Etnológico del Trocadero.

seo de Méjico [50] y de otros que enumeraré, pero, lo que interesa desde la lingüística, ordenó un vocabulario de 55 formas [51], no exento de graves erratas y de repeticiones, y trazó unos gráficos con los índices proporcionales de sangre en cada cruce. Cierto que, aun ampliando mucho los informes de Hamy y Blanchard, tiene que reducirse a lo que le permitían hacer los cuadros que ordenaba.

León, aparte describir mejor y facilitar más datos de los cuadros que dio a conocer Blanchard, señaló que la pretendida colección madrileña de 17 cuadros eran dos series: una de la que sólo queda el que representa al mestizo como cruce de español e india y otra, guatemalteca, que fue propiedad del arzobispo Lorenzana, que la trajo de Méjico a Toledo. Más moderna que ésta es la serie pintada por Joaquín Magón, artista también poblano que trabajó en la segunda mitad del siglo XVIII [52].

El propio doctor Nicolás León dio a conocer otras series de este tipo: la colección Larrauri-Montaño que, muy maltratada, existía por 1889, en Morelia (Michoacán), y los siete cobres de escasa calidad artística [53] del Museo Nacional de Méjico [54].

Estas series se aumentaron después, con divulgación de alguna no inventariada o con nuevos descubrimientos. El excelente libro de Moreno Navarro me evita repeticiones porque está muy cerca de nosotros:

Dos series en el Museo de América de Madrid (una completa de 16 cobres y otra incompleta, de la que se conservan 10 lienzos).

---

[50] A ellas había aludido García Icazbalceta, *Vocabulario de mexicanismos*, México, 1905, s.v. *cartas*.

[51] León, pp. 21-27.

[52] León, p. 40. La terminología fue utilizada por Antón (pp. 203-204) y Pérez de Barradas (pp. 228-229).

[53] Son los siguientes: 2 (español × mestiza = castizo), 4 (español × negra = mulata), 7 (español × albina = tornatrás), 9 (lobo × negra = china), 12 (tentenelaire × mulata = albarrazado), 13 (albarrazado × india = barcino), 15 (indio × mestiza = mestindio).

[54] Fue adquirida en 1920 y, al parecer, procede de Puebla de los Angeles. Acaso sea de Ignacio de Castro, como la del Trocadero (León, p. 65).

Indio principal de Quito en traje de gala. Museo de América.

Yapanga de Quito con traje típico. Museo de América.

Otra serie que se encontraba en Sevilla, pero que fue vendida a Puerto Rico (Moreno, pág. 93). Efectivamente, don Arturo Dávila, director del Museo de la Universidad (recinto de Río Piedras) hace años que me facilitó información sobre esos cuadros, de los que no he podido obtener reproducciones. Se encuentran en la colección del Instituto de Cultura Puertorriqueña (Legado Milton Rua).

Un cuadro mejicano, propiedad de la Real Academia Española, obra de Ignacio María Barreda y Ordóñez, fechado en Méjico el 18 de febrero de 1777.

Por último, añadiré un nuevo dato: en la Navidad de 1983, don Luis Cárabe, anticuario de Madrid, tenía dos cuadros de castas y había vendido otro poco antes, aunque la presencia de estos lienzos en el comercio no parece excepcional (Caro Baroja, n. 16, nota 8).

ORDENACION DE LOS DATOS

De toda la información que acabo de describir he obtenido el vocabulario que ordeno en las páginas siguientes. Seguir cualquier otro criterio que no sea el alfabético, creo que no conduce a nada, tantas son las mezclas con las que nos enfrentamos. Si hiciéramos una ordenación —como se ha propuesto— basada en la proporción de cada una de las sangres mezcladas, no llegaríamos muy lejos, habida cuenta de la heterogeneidad de los informes. Blanchard pensó en unos índices verticales en los que se pudieran apreciar unas columnas en las que se marcara la más alta o baja de las densidades, pero esto sólo vale para unos casos de modesta complejidad; Hamy hizo un esquema, ciertamente útil, pero cuyo alcance no rebasaba las 15 combinaciones; León compuso 52 círculos de variantes, pero tampoco expresó la totalidad de las posibilidades; en las voces *ahí te estás*, *notentiendo* o *saltatrás*, he confeccionado unos cuantos esquemas de notoria complejidad, y eso que sólo me he fijado en combinaciones relativamente claras; ante otros enlaces, perderíamos el hilo conductor. Y no se olvide: en mis 82 entradas reúno 235 definiciones que por muchas repeticiones, errores de las fuentes, etc. que descontemos, la colección rebasaría muchísimo cuanto se había recogido hasta este momento. Con semejante cantidad es imposible llegar a unos resultados claros.

Y es imposible porque la confusión existe en todas partes: cuando se mezclaban los tres tipos étnicos primitivos (blanco, cobrizo, negro) los resultados eran sencillos, a pesar de que no fueran simples cada uno de los troncos generadores [55]; pero vinieron después las mezclas de segundo, de tercer, de cuarto grado. ¿Y quién podía seguir cada una de esas ejecutorias? En sociedades como las occidentales, con registros civiles, con asentamientos mucho más estables y legales que los del mundo que estaba naciendo en América, con deliberado propósito de fidelidad a una estirpe, ¿podemos decir quiénes son nuestros tatarabuelos? Y pensemos que el mestizaje siguió, y sigue, generaciones y generaciones se entreveraban, y entreveran, producto de cada uno de esos niveles con todos los demás, haciendo que la mezcla crezca, no en un discurso lineal, sino en un entramado vertical, horizontal, en profundidad, etc. [56]. Resulta imposible reducir esto a un orden, como resultó imposible la pervivencia de los grupos definidos. Cien años después de la conquista, los hombres habían intercambiado su sangre, el Inca Garcilaso (comienzos del siglo XVII) vio muy bien el nuevo orden que había nacido; cien años más tarde (mitad del siglo XVIII), una parcela de esa sociedad quedó reflejada en los cuadros del mestizaje, pero —insisto— sólo una parcela de esa sociedad; otros cien años después, todo era un mundo confuso en el que ya nada podía verse con la sencillez primitiva, y fue relegándose al olvido. Intervino en ello toda suerte de fac-

---

[55] Basta hojear cualquier libro de antropología para saber cuán imposible resulta hablar en tales términos. La raza blanca de la colonización, ¿qué pureza presentaba? Y pensemos en la diversidad de América, los orígenes de unos pueblos que, muchas veces con organizaciones complejísimas (también de castas), encontraron los españoles del siglo XVI, etc.

[56] En 1964, F. Herrera decía: «La población de América Latina era, a mediados de 1962, equivalente a la de Estados Unidos y Canadá juntos. Si persiste el actual ritmo de nacimiento, la población de las distintas regiones se duplicará en la siguiente proporción: América Latina, 27 años; Estados Unidos, 41; Africa Central, 50; Europa Occidental, 115. Se estima que la población de América Latina puede llegar a 600 millones de habitantes alrededor del año 2000» (*América Latina integrada*, Buenos Aires, 1964, pp. 101-102). Allí mismo se dice que el crecimiento de la poblaci3n en Hispanoamérica es alrededor del 2,6 % anual. Calculemos lo que esto significa para el mestizaje y ese 40 % de analfabetos que todavía hay (*ib.*, p. 151).

tores: la igualación democrática que trajo la Revolución francesa, el aumento inimaginable de la población, la llegada de emigrantes venidos de otros pueblos y de otras razas. Las cosas se confundieron y no se pudieron sustentar: pudo sobrevivir —y sobrevive— más de un recelo entre las diferencias basadas en el color de la piel, pero acabó por no contar [57]. Si esto fue un hecho social inegable, qué duda cabe que la lengua en la que esa sociedad se reflejaba, conservó los nombres, pero no las «realia» que los sustentaban, y las palabras modificaron sus contenidos, o se desprendieron de la placenta generatriz o se olvidaron. Y esto tan sencillo, en más de una ocasión, no han querido saberlo los diccionaristas [58], y es que de haber conocido tablas [59] o cobres o lienzos se hubieran dado cuenta de que los pintores que trataban de retratar su propia sociedad tampoco la conocían o, a lo menos, tampoco la sabían sencilla. De ahí que en su iconografía se mezclen tanto los atributos como la sangre en los hombres o las palabras que los designan; bástennos unos parvos ejemplos: el *albarazado* vende legumbres unas veces, pero otras es el *campamulato*; en ocasiones, la guitarra sirve para ambientar al mismo *albarazado*, pero en otras es el *barcino* quien la rasguea [60]; el *cambujo* puede vender zapatos o ser azacán, que son menesteres del *notentiendo* o del *chino*, respectivamente; el *castizo* lía ciga-

---

[57] Como es sabido, el color de la piel, por mucho que de él se hayan servido para clasificar las razas humanas, antropológicamente no tiene sino un carácter secundario (Henri Berr, *Avant-propos* a Eugène Pittard, *Les races et l'Histoire. Introduction etnologique a l'Histoire*, París, 1924, p. VII).

[58] *Vid.*, por ejemplo, los ataques al *DRAE* que, carentes de sentido, denuncio en *cambujo, chino, zambaigo*, etc.

[59] Hubo representaciones como éstas, aunque de carácter mucho más limitado, en muebles populares (cfr. León, p. 66).

[60] Los viajeros han señalado la afición de los mejicanos por la guitarra e incluso contaron cómo los mendigos la utilizaban para recabar la caridad (cfr. William W. Carpenter, *Travels an Adventures in México: in the Course of Journeys op upward of 2.500 Miles, performed on foot*, Nueva York, 1851, p. 252; también en el diario del teniente inglés R. W. H. Hardy, *Travels in the interior of México* [1825-1828], Glorieta, Nuevo México, 1977, p. 35).

rrillos, pero éste es quehacer del *mestizo* e incluso del *español* [61]; el *jíbaro* vende telas como el *mestizo* en otras ocasiones o son pescaderos tanto el *lobo* como el *saltoatrás,* etc. Sí, todo se había mezclado y esos espejos de la sociedad que son la lengua o el arte resulta que habían quedado pavonados.

Por eso no creo que sea posible ordenar lo que ha hecho añicos el orden y debemos conformarnos con una clasificación alfabética que sobre ser fácil, porque es la tradicional en los diccionarios, permite agrupar dentro de cada entrada los fragmentos que hemos ido recogiendo en este rompecabezas social, lingüístico y pictórico [62]. Y esto es lo que de una u otra forma se puede inferir de los estudios científicos que se han dedicado al tema: Blanchard [63], León [64], Rosenblat [65], Moreno [66]. Lo que empezó siendo simple acabó diluyéndose en un océano de complejidades [67] y lo que se ha ordenado normalmente no ha sido otra cosa que los vínculos próximos, por eso el proceder en cadena de los cuadros, pero las las relaciones íntimas hemos de rastrearlas en esos cruces que ahora se nos muestran tan confusos.

---

[61] En Hamy, p. 101.
[62] Porque dar las listas de cada cuadro independientemente de los demás hace casi inútil el trabajo cumplido y para el estudioso es una tarea fatigosa, insegura y que exige mucha pérdida de tiempo.
[63] I, p. 60; II, pp. 50 y 60.
[64] P. 28.
[65] T. II, pp. 168-179.
[66] En su cap. V, *Interpretación crítica de los «cuadros del mestizaje americano»,* pp. 119- 137.
[67] Como muy bien señaló Varey (II, p 131).

BIOLOGIA Y SOCIEDAD

EL descubrimiento y estudio de los cuadros de mestizaje puso sobre el papel la cuestión de las llamadas castas coloniales y, como siempre, más que la serenidad habló el tópico. Cada uno eligió a su gusto: Blanchard, que científicamente anduvo muy desafortunado [68], pensó que el origen de estos cuadros estaba en el orgullo castellano que «ne pouvait courir le risque de promiscuités pour lui inacceptables» (II, 38) [69]; para Vallenilla el encuentro de las razas produjo algo así como la necesidad de una pesquisa inquisitorial [70]. Creo que para remedio de imprecisiones es necesario que nos limitemos a lo que tiene un estricto carácter científico, porque —lo he dicho— juzgar el tiempo pasado con nuestro criterio de hoy o silenciar la realidad que nos molesta, no es un proceder que merezca ser considerado [71].

Es sabido que, en las parroquias, hubo libros separados para gentes de piel distinta; desde nuestra perspectiva, pensamos que

---

[68] Al hacer etimologías (por ejemplo, en II, p. 52) o en su chiste sobre *el chino* (al final del artículo).

[69] Azteca, tan servil con Blanchard, también ahora traduce las desafortunadas palabras (p. 240). Rebatió la especie Barras de Aragón (p. 155).

[70] Laureano Vallenilla Lanz, *Las castas coloniales*, «Cultura Venezolana», 1921, p. 109. El artículo, a pesar de su título, sólo sirve como ejercicio de retórica y para dar a conocer un documento de Coro (1781).

[71] *Vid.* la p. 10, entre otras muchas, de la obra que cito simplemente como Rosenblat. Para distintos juicios sobre el mestizaje, *vid.* Calderón, *Población y raza*, pp. 20-28; Caro Baroja, pp. 16-17.

es, cristianamente, una inútil tarea. Y con esto basta [72]. Pero creer que los cuadros eran la cartilla oficial para identificar las sangres mezcladas, me parece simplificar las cosas: las mezclas eran más de esa quincena que se trataba en cada colección y, en los tiempos en que se pintan tales cuadros (todos son de vencida la segunda mitad del siglo XVIII), la pretendida separación había perdido mucho de su rigor, gracias al régimen de las llamadas «gracias al sacar» (1795) [73]. Que el número habitual de las representaciones fueran 16 no creo que exija que 15 fueron los tipos a que se había reducido el mestizaje, si antes no tenemos el documento que avale nuestro aserto; más aún, en ocasiones, había uno y hasta tres cuadros representando a indios insumisos, lo que me hace creer que se trataba de una pintura costumbrista cuya pretensión era la de presentar la sociedad tal y como había hecho la literatura del siglo en tantos observadores, ensayos y cartas con que había descrito las curiosidades del mundo que nos rodea. Si se tratara de unos cuadros de carácter oficial, se limita-

---

[72] Léase un buen libro (Eugene H. Korth, S. J., *Spanish Policy in Colonial Chile. The Struggle for Social Justice*, 1535-1700, Stanford, California, 1968) y un trabajo clarificador (Solano, pp. 8-10, especialmente). Cfr. Mörner, pp. 36-39. En el *Conc. I* de Méjico no se habla de libros en los que estén separados los grupos (pp. 88-89), pero en los *Avisos para la acertada conducta de un párroco en América* (post. 1766) se puede leer:

> En los libros parroquiales tenga cuidado en el asiento de las partidas de bautismo, casamiento y entierros, y libros separados, unos para naturales y otro para españoles y otras castas, que es preciso sepa su calidad, pues la de naturales, la de españoles puros, la de mestizos hijos de español e india, la de castizos —que son hijos de mestizo e india— están declaradas por limpias; mas no son assi los negros, mulatos, coyotes, lobos, moriscos, quarterones y otras mezclas. (La coma entre *mulatos* y *coyotes* falta en el original. El texto, en *Conc. I*, p. 390, § XVI.)

Sin embargo, en el Concilio III de Méjico nada se dice a este respecto (*Concilium III*, p. 161, § XI).

[73] *Lengua nacional y sociolingüística: las Constituciones de América* («Bulletin Hispanique», LXXXIV, 1982, p. 352, nota 16), recogido ahora en *Hombre, etnia, estado*, Madrid, 1986.

rían a reproducir los grupos a que la administración hubiera reducido las mezclas previsibles, pero ¿sería lógico que permitiera multitud de cambios terminológicos que no hacían sino confundir lo que se pretendía aclarar? ¿Sería lógico que la severidad curialesca permitiera rasgos humorísticos como los que se dan al representar a los *mulatos*?[74] ¿Quedaría todo claro con una confusión heterogénea de trajes y oficios? Por el contrario, quienes han estudiado estas obras han hablado de su falta de realismo[75], de lo caprichoso de las composiciones[76] y una y otra vez señalo el idealismo de los cuadros que estudio. Por otra parte, el color de la piel no siempre se identifica, por el atuendo que en ocasiones cubre el rostro, por la semejanza a que llegan ciertas mezclas y por la confusión —ya señalada— de los atributos; si tan incierto es lo que se ofrece a la certeza que necesita un tinterillo, creo que con la lista de las cartelas bastaba. Me confirmo en el carácter costumbrista de estas pinturas; como el de otras de la misma época, pero muy diversas, que se dieron en el Brasil[77]. El por qué del número 16 tal vez se explique por un viejo texto de Humboldt; para el gran sabio, en Nueva España había siete razas: *gachupines* o españoles de España, *criollos* o españoles de América, *indios*, *negros*, *mestizos* (blanco × indio), *mulato* (blanco × negra) y *zambos* (negro × india)[78]. Pero estas

---

[74] Ni más ni menos que una negra dando una paliza al español. No se trata de esclavos que se consideren «out-classed», sino de grupos sociales distintos, pero comunicables (*vid*. Cox, p. 20).

[75] Hamy, p. 101; Caro Baroja, p. 18.

[76] León, p. 67.

[77] Pienso, por ejemplo, en las preciosas acuarelas de Carlos Julião (1740-1811), *Riscos illuminados de figurinhos de brancos e negros dos uzos do Rio de Janeiro e Serro do Frio*, edic. Lygia da Fonseca Fernandes da Cunha, Río de Janeiro, 1960. Alguna representación de indios aparece al final del t. II de la bellísima *Viagem filosofica, pelas capitanias de Grão Pará, Rio Negro, Mato Grosso e Cuiabá (1783-1792)*, editada en Río de Janeiro, 1971, de Alexandre Rodríguez Ferreira.

[78] Es distinta la reducción a seis tipos que hacen Herrera-Cícero (p. 87): *español, criollo, mestizo, mulato, zambo, tentenelaire* y *saltatrás*. Si faltan *indio* y *negro*, sobran *español* y *criollo*, que no son castas.

razas se reducían a cuatro castas: españoles, indios, negros y mixtos [79]. Tendríamos, pues, un número base, el 4, que al multiplicarse por 4 daría 16; pero como lo que se multiplica es un grupo por los otros tres, quedan esos huecos que se rellenan con variantes discrepantes o con la representación de indios no sometidos [80]. Una vez establecido el arquetipo (prestigio del artista que lo hizo, lugar de que se dispuso en una tela o tabla, etc.) se pudo repetir como si de un estereotipo se tratara. Esta es mi creencia. A ella volveré de inmediato, tras aducir un curioso texto que debo vincular con el de Humboldt, aducido páginas atrás.

Sin año de impresión, Thomas Tegg publicó en Londres el volumen XXV de una curiosa colección: *The Modern Traveller; a Description of the Various Countries of the Globe.* Su autor, Josiash Conder, era hombre minucioso que dedicó mil observaciones y otras tantas notas a lo que de Méjico sabía. Cuando habla de la población del país (pág. 188) escribe:

> The Mexican population is composed of seven races: 1. Europeans, vulgarly called *Chapetons* and *Gachupins*; 2. Creoles, or native whites of European extraction; 3. Mestizoes, the offspring of whites and Indians; 4. Mulattoes, the offspring of whites and negroes; 5. aboriginal Indians, of the pure cooppercoulored race; 6. African negroes, and their descendants; 7. *amboes, or Chinoes, the offspring of negroes and Indians. To these may be added [...] natives of the Canary Islands, who are generally designated by the name os *Isleños* (islanders), and rank as whites.

La bella impresión de Tegg posiblemente ha mezclado cosas que se sabían de otro sitio: los *isleños* de Méjico fueron escasos

---

[79] *Diferencia de las castas*, etc. (Humboldt, lib. II, cap. VI, p. 51 a).

[80] Acerca de los *chichimecas* y *tarascos* rebeldes o salvajes, véase Humboldt (II, VI, p. 66 a), Vera, I, pp 26, 260 *passim*, y los textos muy importantes que figuran en Fortunio Hipólito Veres, *Compendio Histórico del Concilio III mexicano, o índices de los tres tomos de la colección del mismo Concilio*, Amecameca, 1879, pp. 259-262, § 78.

y no constituyeron grupo aparte, como en las Antillas o Venezuela. Pero quede ese testimonio de lo que Conder había acertado. Cerremos ya el paréntesis.

Los cuadros han dejado el testimonio plural de su valor: el atuendo, parcelas de la vida doméstica o de la vida en la calle, mobiliario y diversiones, trabajos de los hombres y preocupaciones de las mujeres [81]. Todo, sí, con una gran limitación, pero de valor, social y humano, indiscutible. Nos han dejado también una colección de léxico que es valiosa en sí y por cuanto permite transcender de cada una de esas palabras, la grafía como imagen de la pronunciación. Y nos han dejado muchas veces obras a las que no dudo en llamar artísticas porque el autor ha reflejado más que reproducciones impersonales: nos ha legado un fragmento de su propia alma que todavía acierta a conmovernos hoy.

---

[81] *Vid.* Moreno, p. 206; Caro Baroja, p. 16.

EL CONTRAPUNTO DE CONCOLORCORVO

E L año 1773 vio aparecer en Gijón, lo que no es sino falacia de impresión, una obra que se convertiría en muy famosa, *El lazarillo de ciegos caminantes desde Buenos Aires a Lima*. Son los años en que los técnicos fechan los cuadros de Ignacio de Castro, Miguel Cabrera y Joaquín Magón. Pero si las pinturas proceden en su mayoría del virreinato de la Nueva España, el narrador cuenta lo que ve o conoce del virreinato de Perú, bien que más de una vez se fije en lo que sabe de Méjico, país en el que vivió diez años. Cierto que pintura y literatura tienen distintos atributos, pero no es menos cierto que, a pesar de diferencias técnicas y geográficas, las dos artes pueden resultar complementarias, si, además, tenemos en cuenta lo que otros narradores cuentan. Concolorcorvo, por razones que luego diré, enseña a los «señores caminantes» los correos, mansiones y postas que irán encontrando de Buenos Aires a Santiago de Chile y desde Buenos Aires a Lima, pero, también, hace descripciones de ciudades, habla de tipos, comenta costumbres y abre los ojos a quienes, como ciegos, han emprendido camino [82]. De todos estos informes podemos sacar buenas noticias para glosar lo que plasman los artistas, y serán de más interés sus valoraciones si te-

---

[82] Son de mayor interés las descripciones que hacen los viajeros de las cosas que ven en sus andanzas. Sobre Méjico disponemos de una bibliografía descriptiva, aunque limitada en sus pretensiones: Garold Cole, *American Travelers to México, 1821-1972*, Troy, 1978.

nemos en cuenta la poca estima en que tenía a los pintores coloniales, lo que nos valdrá como contrapunto de lo que la vista nos acierte a enseñar. Porque para Concolorcorvo, los indios, poco dados a trabajar, preferían ser pintores a herreros y bordadores a canteros: de tal modo que había veinte pretendidos artistas por cada menestral [83], aunque «entre tanta multitud de pintamonas, no faltan algunos razonables copistas de muy buena idea, pero son tan estrafalarios que en cogiendo un corto socorro de tres o cuatro pesos, no dan pincelada en ocho días» (páginas 271-272).

Concolorcorvo se presenta como cuzqueño [84] y mestizo: una y otra vez lo dice [85] y tomó el apodo del color de su piel: «[los rostros de los indios] se acercan a los de los moros en narices y boca, aunque aquéllos tienen el color ceniciento y vds. de ala de cuervo. Por eso mismo, acaso, se me puso el renombre de Concolorcorvo» (págs. 249-250). La condición de mestizo que finge le dio la posibilidad de conocer mejor a indios y españoles, entender sin desdén a las gentes de su condición y acertar a ver todo sin parcialidad mayor. Doscientos años atrás, otro ilustre cuzqueño, el Inca Garcilaso, había vivido —y con cuánto fruto— la misma aventura, y no será ésta la única vez en que acerquemos a los dos personajes [86].

Concolorcorvo conocía bien a los indios [87]: los consideraba

---

[83] P. 270; en la p. 271: «como los indios [...] jamás se aplican voluntariamente a las obras de trabajo corporal, eligen la pintura, la escultura y todo lo que corresponde a la pasamanería». Juicios bien opuestos a los que emite Humboldt (lib. II, cap. VI, p. 65 a). Sobre la pintura hay importantes observaciones en los Concilios mejicanos, véanse las notas muy curiosas de *Conc. III*, pp. 11 y 20 (§ 5).

[84] Cfr.: «Supongo yo, señora inca, [...] que Vd. está apasionado por el Cuzco, su patria» (p. 320).

[85] P. 11.

[86] Y aún me atrevo a aducir unas espléndidas páginas de Humboldt (lib. II, cap. VII).

[87] Una visión más amplia sobre la condición de los indios se puede leer en Alamán, pp. 23-26, y Rosenblat, pp. 14-150.

serios y falaces; mascaban coca (cosa que no hacían ni españoles ni negros) y ejercían oficios descansados [88] o de gente servil [89]; no practicaban ninguna virtud, ni con los miembros de su familia, pues su religiosidad es aparente, y las mujeres llegan a ser crueles hasta la inhumanidad, pero también valientes [90]. Esto no sirve mucho para nuestras comparaciones [91], pero sí otros testimonios que nos facilita: los indios tienen la tez clara y llevan los pies descalzos. Claro que sus ideas no son fácilmente compartidas, pues el color no depende del grado de limpieza [92], ni el caminar descalzo es ninguna ventaja [93]. Indias con los pies desnudos aparecen en diversas pinturas mejicanas, tanto en las que dio a conocer Blanchard (§§ 12, 16), como en las reproducciones de Rosenblat (núms. 12, 16) o en la de García Saiz, que representa a una mestiza (núm. 64).

Un grupo aparte constituyen los indios *gentiles*, pintados por Miguel Cabrera; son indígenas que no han padecido contaminación, y como tales han de ser los que Concolorcorvo encontró en

---

[88] Los atributos figuran, según mi enumeración, en las pp. 290, 207/250, 201, 271, 250.

[89] En Perú «no hay toreros de profesión, y sólo se exponen inmediatamente algunos mayordomos de haciendas en ligeros caballos y muchos mozos de a pie, que por lo regular son indios, que corresponden a los chulos de España» (p. 291).

[90] Otros rasgos —en general muy negativos— en Alamán (pp. 26-27) y León (p. 13).

[91] Como tampoco la benevolencia con que son tratados (p. 231) o la puntualidad con que se les paga (p. 238).

[92] «El indio no se distingue del español en la configuración de su rostro, y así, cuando se dedica a servir a alguno de los nuestros, que le trate con caridad, la primera diligencia es enseñarle limpieza» (p. 271). «No piense Vd. sacar de la esfera de indios a muchos hombres y mujeres porque los ve Vd. de color más claro, porque esto proviene de la limpieza y mejor trato, ayudado por la benignidad del clima, y así sus descendientes pasan por mestizos puros, y mucho número por españoles» (p. 272).

[93] «Las indias y demás gentes plebeyas andan descalzas, como en otras muchas partes del mundo la gente pobre, y no por esto contraen enfermedades. Las señoritas no son de distinta naturaleza [...] Sin embargo, sus zapatos tienen dos inconvenientes, o por mejor decir, tres» (p. 328).

las lagunas que, cerca de la Córdoba argentina, forma el río que baña la ciudad (pág. 73); o los indios bárbaros de Nuevo Méjico (pág. 265) o, lo que interesa más para la etimología que estudio en el *Vocabulario*, las líneas que dedica a las supervivencias de su condición anterior:

> Los indios mantienen algunas idolatrías de la tradición y que ésta se mantiene por medio de su idioma en cuentos y cantares, como ha sucedido en todo el mundo (pág. 253) [94].

El Inca Garcilaso había hablado de *montañés* como 'mestizo'; no resulta nada clara la condición del montañés Fernando Cosío por tierras de Tucumán (pág. 137), pero sí la de *serrano*, que es término equivalente al que da el Inca: se trata de gentes de las alturas del Cuzco [95], indios (pág. 246) [96], españoles (página 256): la palabra se ha motivado por la geografía de donde proceden los montañeses o serranos y, si la información de Concolorcorvo no ayuda a mostrar la pervivencia de *montañés*, sí para explicar su origen [97].

Los españoles, como en todas partes, pueden ser europeos o criollos [98]. Ambas manifestaciones abundan en nuestra documen-

---

[94] No emplea la designación de *ladinos*, aunque lo son los indios que hablan español (*vid.* las pp. 243-236), donde se ocupa minuciosamente del asunto). Contra los cantos en lenguas indígenas tenemos algún viejo testimonio. En el Concilio III de Méjico se determinó

> Que se introduzca entre los indios el Libro de la Vida de Jesucristo en verso y Mexicano compuesta pr. Fr. Bernardino Sahagun Franciscano pa. qe. con esto olviden sus cantares gentílicos (*Cons. III*, p. 23, § 9).

[95] «Un arriero de las inmediaciones del Cuzco, que son las mejores que tiene toda la tierra, no puede hacer más que un viaje redondo de doscientas leguas al año» (p. 133).

[96] Indio debe ser también el *serrano* que intenta hablar español (p. 324).

[97] *Vid.* el estudio que hace Alamán [1849] sobre este grupo social (pp. 25-26).

[98] *Españoles criollos* es el sintagma que se utiliza en las pp. 55, 77, 270, *passim*.

tación: habla de «europeos y criollos», «de españoles así europeos como americanos», de un tal Bermúdez, criollo cuyo coetáneo fue un «Mendoza, europeo» [99]. Estos españoles de Europa son gente poco curiosa, aunque haya motivos que los justifique (pág. 13) [100], y ellos, los criollos, se caracterizan por ser laboriosos y de espíritu, pleitistas, dóciles y sumisos a la ley [101], mientras que entre los criollos de Montevideo abundan los holgazanes, que se hacen gauderios [102]. Andaba generalizada la designación de *chapetón* a los españoles residentes en el Nuevo Mundo, fueran criollos o europeos, y *gachupines* a los recién llegados (págs. 342-343) [103]. También, como en los cuadros de las castas coloniales, llamaban *españoles* a ciertos individuos mezclados [104].

Los *criollos* son gentes de ingenio, como los españoles, más instruidos que los peninsulares acabados de venir [105], nada débiles

---

[99] Referencias en las pp. 65, 263, 337; otra más en la p. 342. En la p. 45, da el censo de españoles (europeos y criollos) que existían en la ciudad de la Santísima Trinidad y puerto de Santa María de Buenos Aires. La igualdad *español = europeo* era conocida por los antiguos investigadores, cfr. Alamán, p. 15; Herrera-Cícero, p. 87, nota 2.

[100] Alamán, el célebre historiador mejicano, hace un cumplido elogio de las virtudes que adornaban a los españoles que emigraban a Méjico (p. 15).

[101] Las especies figuran en las pp. 65, 236.

[102] P. 45. A los *gauderios* dedica, entre otras, las pp. 37-40, y se consideran como antecedentes de los *gauchos*, cfr. Fernando O. Assunção, *Génesis del tipo gaucho en el Río de la Plata*. Montevideo, 1957.

[103] Según Corominas, la etimología de *gachupín* es *cacho* 'tronco, zoquete' > 'español recién llegado a América, torpe' (la voz se documenta en español desde comienzos del siglo XVII); hay que rechazar el natuatlismo que transmite Alamán (p. 14, nota 4): *cactli* 'zapato' + *tropinia* 'punzar, picar', que tras diversos cambios y acomodaciones llegaría a nuestro *gachupín*, que no sería otra cosa que 'el que pica o punza con el zapato'.

[104] «Por tales [españoles] se tienen, aunque con más mezclas que el chocolate» (p. 180); «Don Manuel de Campo Verde y Choquetilla, *español*, descendiente por línea materna de legítimos caciques y gobernador de indios» (p. 195).

[105] Esta superioridad de los criollos les llevó a despreciar a los españoles recién llegados, de donde derivaron no pocas rivalidades (Lucas Alamán,

Mestizo. Lámina núm. 41. Trujillo del Perú. Tomo II

de juicio, pues acreditan su talento como médicos y abogados, y pródigos, a pesar del juicio adverso de Quevedo [106]. *Criollo* pasó a ser simplemente el 'oriundo de un sitio' y así, Concolorcorvo mismo, a pesar de ser mestizo, dirá que «los *criollos* naturales decimos Cozco»; después, ya nada extraña, como ocurre en tantos textos, que haya *negros criollos* o *mulas criollas* [107].

Si todo esto tiene que ver con lo que la literatura nos facilita por otros caminos, Concolorcorvo se acerca a los pintores cuando describe el atuendo de hombres y mujeres. Repetidamente, al narrar el ambiente de las ciudades que visita, las referencias a trajes y vestidos dan la nota de color, necesaria para entender cada circunstancia. Pienso en Buenos Aires [108], en Potosí [109], en La Paz [110], en Méjico [111], ciudades retratadas en lo que los vestidos

---

Historia de Méjico [la 1.ª edición es de 1849-1852; cito por la de Méjico, 1972], t. I, pp. 17-18.

[106] Pp. 324, 325, 331, 332. Cfr. León, pp. 19-20, y, sobre todo, Rosenblat (p. 139), que presenta un panorama mucho menos agradable del que describe Concolorcorvo. Alamán atenúa mucho las virtudes españolas cuando se trasladan al criollo (p. 16).

[107] Las citas proceden de las pp. 217, 66, 102.

[108] «Hombres y mujeres se visten como los españoles europeos [en Buenos Aires] y lo mismo sucede desde Montevideo a la ciudad de Jujuy, con más o menos pulidez [...] He visto sarao en que asistieron ochenta [mujeres], vestidas y peinadas a la moda, diestras en la danza francesa y española, y sin embargo de que su vestido no es comparable en lo costoso al de Lima y demás del Perú, es muy agradable por su compostura y aliño» (p. 43).

[109] «El principal lujo de esta villa, como casi sucede en los demás pueblos grandes del reino, consiste en los soberbios trajes, porque hay dama común que tiene más vestidos guarnecidos de plata y oro que la Princesa de Asturias» (p. 175).

[110] «Los trajes que no son de tisúes de plata y oro, de terciopelo y de otras telas bordadas de realce del propio metal, se gradúan de ordinarios y comunes» (p. 202).

[111] «Las mejicanas se calzan y visten al uso de la Europa, según me han dicho, porque en mi tiempo usaban [c. 1773] un traje mestizo que de medio cuerpo arriba imitaba en algo al de las indias, en los güipiles y quesquémeles, tobagillas de verano y mantones de invierno, que corres-

femeninos tienen de evocador y pienso en los complementos tan cuidadosamente descritos y con informes verdaderamente sorprendentes. Las limeñas acicalan su rostro con colores que van del jazmín al rosa, pero nunca con bermellón; las mejicanas usan dientes de marfil para sustituir a los naturales, con el objeto de «hacer su acento más suave y sonoro y competir con las limeñas»; se pintan con rojo, dejan largos sus cabellos y caminan airosamente [112]. Junto a esta descripción, los complementos de alhajas y joyas están pintados como si se tratara de las minucias de un cuadro y téngase en cuenta que el narrador alude explícitamente a la pintura. La cita puede resultar larga, pero es la última, y expresiva en alto grado:

> Las señoras limeñas y demás que residen desde Piura a Potosí, [...] siguen opuesto orden a las europeas, mejicanas o porteñas, quiero decir, que así como éstas fundan su lucimiento mayor desde el cuello hasta el pecho, y adorno de sus brazos y pulseras, las limeñas ocultan su esplendor con un velo nada transparente en tiempo de calores, y en el de fríos se tapan hasta la cintura con doble embozo [...] Toda su bizarría la fundan en los bajos, desde la liga a la planta del pie. Nada se sabe con certeza del origen de este traje, pero yo creo que quisieron imitar las pinturas que se hacen de los ángeles. Las señoras más formales y honestas de este país descubren la mitad de la caña de su pierna. Las bizarras o chamberíes toman una andana de rizos, hasta descubrir el principio de la pantorrilla, y las que el público tiene por escandalosas [...] elevan sus faldellines a media porta, como cortinas imperiales (p. 335) [113].

---

ponden aquí [Perú] a los cotones de nueva invención entre las señoritas, coladores de verano y bayeta frisada en tiempo de invierno» (p. 329).
[112] Testimonios que se encuentran todos en la p. 327.
[113] Para los usos venezolanos, *vid*. Rosenblat, p. 136, nota.

Cuarterona de mestizo. Lámina núm. 40. Trujillo del Perú. Tomo II

Bajo la mirada atenta de Concolorcorvo pasa también el abigarrado mundo de los mestizos. El ámbito enmarañado que son las mezclas de los cuadros está aquí, porque las sangres se han mezclado y la pureza no existe [114]. Es el anuncio de que las castas pronto van a dejar de funcionar porque ya no hay modo de entenderlas; las más de quinientas leguas que hay de Lima a Jujuy, no tiene sino alguna europea, pues españoles, negros, mestizos y otras castas hacen sus conquistas «entre las indias, como lo hicieron los primeros españoles, de que precedieron los mestizos». Y, a renglón seguido, observa sagazmente: «Estas mezclas inevitables son las que disminuyen más el número de indios netos, por tener un color cercano al blanco y las facciones sin deformidad, principalmente en narices y labios» (p. 275). Los mestizos son comerciantes (p. 314), como los que aparecen en los cuadros reproducidos por León y Rosenblat, aunque los más modestos, son pegujaleros que venden hortalizas y frutas, en puestos que colocan en medio de la feria donde hacen escasos negocios [115].

Lógicamente es por los *cholos* (= 'mestizos') por las gentes que más interés demuestra Concolorcorvo, porque —nos dice— que tal era su condición, o al menos así puede deducirse de algún pasaje que ahora nos interesa: «los *cholos* respetamos a los españoles, como a hijos del Sol, y así no tengo valor (aunque descendiente de sangre real, por línea tan recta como la del arco iris), a tratar a mis lectores con la llaneza que acostumbran los más despreciables escribientes» [116]. Estos *cholos* significaban en

---

[114] De ello se dedujeron muchos caracteres negativos (León, p. 25; Rosenblat, pp. 151-155).

[115] Pp. 314 y 284.

[116] Pp. 11-12. Lógicamente si su ascendencia es tan recta como el arco iris, muy torcida debía andar; en la p. 278, habla de un tío suyo *indio* que murió siendo gentilhombre de Carlos III, «porque los católicos reyes de España jamás han olvidado a los descendientes de los incas, aunque por línea transversal y dudosa». El considerar a los españoles como dioses es asunto que viene de muy lejos (Manuel y Elena Alvar, *Los cronistas de Indias*, Madrid, 1980, pp. 15-17) y que mucho debió durar: «Los cuatro

su mestizaje una clara mejora con respecto a los indios: «con aquella providencia [la de asearse] y una camisita limpia, aunque sea de tocuyo, [los indios] pasan por *cholos*, que es lo mismo que tener mezcla de mestizo. Si su servicio es útil al español, ya le viste y calza, y a los dos meses es un mestizo en el nombre» (p. 271). Estos *cholos* suelen saber el español (p. 219), por lo que vienen a equipararse con los *ladinos* de que me ocuparé en seguida, y son ladrones de ganado (p. 276). Estas pocas pinceladas del narrador son, como casi todas las suyas, enormemente expresivas: en los cuadros coloniales, el indio se cubre, muchas veces, con trajes raídos y va descalzo, en tanto el mestizo viste ya a la española o, en la pintura de Luis de Mena, aparece totalmente europeizado [117].

Los *negros* son gente más grosera que los indios: bailes, cantos y música tienen un carácter bárbaro y deshonesto; abundan entre ellos los músicos (pp. 268-269) y se les considera como corruptores de los indios, y así, Méjico, que sólo los tiene en las costas de Veracruz, está exento de semejante tara (p. 274) [118]. Entre los negros abundan los esclavos, incluso en los conventos, que no quicren liberarse para tener asegurada la subsistencia [119]; las mujeres son excelentes lavanderas y artesanas, en tanto los hombres se dedican a vender petacas de cuero (pp. 66-67). Cuando llegan bozales a América, poseen un idioma áspero y duro [120],

---

cholos se tiraron de cabeza al suelo como para besarme los pies, repitiendo viracocha, viracocha» (J. A. Corrales, *Crónicas* [1938], p. 48).

[117] Las cosas hoy se presentan de otro modo, Pío Jaramillo dirá que, en Ecuador, «el *cholo*, tanto como el indio, es un problema en la vida nacional» (p. 25).

[118] Sus caracteres negativos en León, p. 20.

[119] P. 66. Resulta curioso el paralelismo: los negros de Estados Unidos padecían muchas más enfermedades mentales (1 por 144) en el Norte que en el Sur (1 de cada 1558), y así «the conclusion was that the Negro lived happier and halthier under conditions of slavery than when he was given his freedom» (Molnar, p. 146).

[120] Debía ser una lengua congo, pues un topónimo urbano de Lima fueron los «callejones de *Matamandinga*» (p. 12).

pero la primera generación de negros criollos [121] habla el español con toda propiedad (p. 255). En la región de Tucumán había muchos esclavos, la mayor parte criollos, y «de cuantas castas se pueden discurrir»; vestían con telas ordinarias que ellos mismos tejían y rara vez traían zapatos (p. 66). Retrato que conviene con lo que sabemos de otras partes: la negra, violenta, golpea al blanco junto a un alpende que podría ser el lavadero público y el recipiente de madera con el que ataca no extrañaría que fuera la escudilla para guardar el jabón y el añil, tanto más si, como cuenta Concolorcorvo, lavaban metidas en el río (p. 67). En cuanto a las vestiduras, no se olvide que las mulatas eran tejedoras y que los descendientes de negros solían caminar descalzos [122].

Quedan los cruces de *negro, mulatos* y *coyotes*. Concolorcorvo pasa rápidamente: las *mulatas* son arteras y fácilmente irascibles (p. 279) y, aunque procuran no tener hijos de los individuos de su raza, «muchos españoles se mezclan con las negras, de que nacen unos mulatillos que procuran sus padres libertar» (p. 275) [123]. En cuanto a los *coyotes*, sólo entran en una enumeración: «abundancia de indios, *coyotes* y mestizos» (p. 274) [124].

Para terminar con esta presentación: Concolorcorvo describe

---

[121] *Vid.* p. 56, donde doy informes de las consecuencias de mantener la lengua.

[122] No abundan en las colecciones los retratos de negros, sí los de negras, pero en ellas —por la amplitud de las sayas— es difícil descubrir los pies. Para su atuendo y condiciones, *vid.* Rosenblat, pp. 155-161.

[123] Más características en Alamán (p. 28), León (p. 13) y Chaves (pp. 111-112).

[124] La edición que manejo lee *indios coyotes*. Creo que es un error y hay que separar con coma: abundan *indios, coyotes* ['mestizos complejos'], *mestizos* ['mestizos de primer grado'] y seguidamente habla de *españoles*. Lógicamente faltan los negros, pues está contando que no los hay en el interior de Méjico; recuérdese un texto de Humboldt: «Habiéndose introducido en la Nueva España poquísimos negros, los mestizos componen probablemente los 7/8 de la totalidad de las castas. En general se les tiene por mucho más dulces de genio que los mulatos [...] que se hacen distinguir por la violencia de sus pasiones y por una particular volubilidad de lengua» (lib. II, cap. VII, p. 90 *a*).

el ajuar de una casa limeña: grandes camas nupciales *(ad pompam)* y cunas *(ad usum)*, colgaduras, rodapiés, damascos carmesíes, galones y flecaduras milanesas, sobrecamas de tisú lionés, sábanas de lienzo de Cambray, encajes flamencos, almohadas de «olán batista»; los infantes adornados con dijes guarnecidos de brillantes y otros que llevan ocultos (pp. 338-339) [125]. En cualquier recuerdo están los cuadros de Luis de Mena, de Miguel Cabrera o de Ignacio de Castro. Por si algo faltara, este minucioso Concolorcorvo habla del color de las manos de indios y negros, de sus olores a chuño 'fécula de patata' o a grajo, de la alimentación arcádica o parnasiana... Todo un mundo que no pudo acceder a las pinturas, pero que lo completan y ayudan a entenderlas.

Alonso Carrió de Lavandera, oculto tras el personaje que se inventa [126], ha caminado con los ojos abiertos y nos ha transmitido la vida que pasaba ante su mirada. Han sido los inmensos territorios que se extienden desde Buenos Aires a Santiago de Chile, desde el Plata hasta Lima, pero este mundo —tan grandioso como sabemos— no es sino una parcela del imperio español, que está llegando a su fin. Y lo ha descrito con viveza y precisión. Nos hemos ocupado de un mundo muy parcial y limitado, pero el narrador ha sabido recogerlo. No trataba de hacer unos cuadros de mestizaje porque esto exige una precisión —y unas limitaciones— que no quería, ni podía, imponerse. Ha contado lo que ha visto como pasajero atento, no como científico, pero su curiosidad es muy grande y ha terminado haciéndonos su algo de etnografía. Esto ya sirve para levantar una esquina del velo de las pinturas y de lo que han escrito gentes de muy otra calaña que la suya. Además, ha contado lo que los cuadros

---

[125] El mobiliario mejicano, bien que no con gran primor, se describió en el libro de William W. Carpenter, *Travels and Adventures in Mexico: in the Course of Journeys of upward of 2.500 Miles, performed on fott*, Nueva York, 1851, pp. 251-253.

[126] *Vid.*, como trabajo reciente, el de José M. Gómez Tabanera, *En el bicentenario de Alonso Carrió de Lavandera, Concolorcorvo*, Oviedo, 1983.

no pueden transmitir y ha ampliado la visión que la pintura limita a unos esquemas, que la obligan a múltiples limitaciones. Nos ha permitido ampliar la perspectiva limitada y nos ha ayudado a situarla en un plano general mucho más amplio. Diríamos 'concordancia armoniosa de voces contrapuestas'. Contrapunto lo he llamado.

VALOR LEXICO DEL MESTIZAJE

He tenido ocasión de referirme a la complejidad que admiraban los antropólogos y etnólogos en una gavilla de dignaciones. Pero para nosotros, por importantes que esos datos son, no presentan más que un aspecto del problema lingüístico. La literatura de todo tipo (de creación, descriptiva, histórica) ha facilitado un caudal considerable de materiales: 22 términos [127] de mi inventario, no constan en lienzos y tablas, es decir, casi un 25 por 100 de la colección ha sido allegado de otras fuentes. Esto nos habla de la vitalidad de los hechos y de su carácter local. Lo que sabemos por ahora procede de la Nueva España y, con representantes únicos, de Guatemala y Perú. Quedan, pues, enormes manchas de superficie sobre las que nuestra ignorancia tiene que esperar y, entre tanto, buscar información en otros testimonios, porque el mestizaje se cumplió en todas partes y en todas partes recibió nombres: ahí están los que, en mis listas, son específicos de Cuba (*criollo rellollo, moreno* 'negro', *ochavón*, usado también en Venezuela), Santo Domingo (*indio* 'mestizo'), América Central (*ladino* 'mestizo'), América Meridional (*galfarro, grifo, limpio, postizo*), Argentina (*tentempié*), Filipinas (*mestizo de sangley*) y quedan los muchos términos con los que Perú se

---

[127] Son: *berberisco, golfo, limpio, loro, mameluco, marabú, mauro, mediopelo, mequimixto, montañés, moreno, ñapango, ñato, ochavina, pardo, postizo, puchuel, -o, a-, as-, rayado sacalagua, tentempié, tresalbo* y *trigueño*.

contraponía al Méjico colonial: *cuatralbo, guineo,* probablemente *lunarejo, mauro, montañés, negro* (negro × zamba prieta), *quinterón, sacalagua, tresalbo* y *zambís.* Es probable que unas rebuscas más afinadas que las mías, ayuden a matizar en alguna ocasión, pero se ve muy claramente cómo el imperio español tenía —también ahora— dos ámbitos bien definidos: el virreinato de la Nueva España y el virreinato del Perú [128].

Tan rica variedad de términos, muy importante por sí misma, acrecienta enormemente su valor si tenemos en cuenta el desconocimiento que, en nuestros estudios, suele tenerse de ella. Baste decir que el *DRAE*, que es un valiosísimo repertorio de americanismos, no da cabida en sus columnas a unos 50 términos de nuestra lista. Bien entendido que una cosa es el *DRAE* y otra el *Dicci. Hist.*, y la mayor parte de mis materiales proceden de los ficheros de este último. Así y todo, no he podido documentar 32 palabras [129]. Si nos fijamos en el diccionario de Friederici, nuestro cotejo resultará desolador, o consolador, según se prefiera, pues, a pesar de ser una obra lexicográfica, exclusivamente americanista y de carácter histórico, no podremos decir qué es lo que falta, sino —abreviadamente— qué hay. Y lo que hay es un puñado de nueve palabras (*criollo, cuarterón, cholo, ladino, morisco, mulato, quinterón, tornatrás* y *zambahigo*), de las más triviales y con menos problemas. Por tanto, bien merece la pena el acercamiento que ahora intento. Porque este léxico, creeríamos muchas veces anticuado, tiene, sin embargo, una capacidad evocadora y una pretendida expresividad a la que los autores vuelven una y otra vez con resultados estilísticos de evidente fortuna. O para transmitir lo que nunca había sido recogido. Permítase adelantar algo

---

[128] Para el fraccionamiento postcolonial, *vid.* Felipe Herrera, *América Latina integrada,* Buenos Aires, 1967, p. 14.

[129] Son: *ahí te estás, albino, barnocino, berberisco, blanco, cabro, calpamulato, cambujo, coyote, cuatralbo, español, galfarro, gente blanca, gentil, golfo, harnizo, indio, limpio, mameluco, marabú, mauro, mediopelo, mequimixto, mestindio, notentiendo, ñapango, postizo, rayado, requinterón, sacalagua, tercerón* y *tresalbo.*

Cuarterón de mestizo. Lámina núm. 39. Trujillo del Perú. Tomo II

de lo que queda transcrito en el vocabulario, pero que necesita aducir ahora y luego no repetiré.

Eugenio Noel, el atrabiliario escritor, ha copiado de algún sitio y hace una preciosa enumeración: «Son muchos los que saben qué rara cosa es ser gíbaro, cambujo, albarazado, barnocino, coyote, gentil, calpamulo, que es el hijo de zambaigo con loba» [130]. Digo que la enumeración es preciosa porque en el *DRAE* faltan *albarazado, coyote, gentil, lobo,* y, según digo en el lugar pertinente, *barnocino* debe ser un hapax no documentado en ningún texto literario y sólo en el estudio del Dr. Nicolás León sobre *Las castas del México colonial* [1924] y en los *Mexicanismos* de Darío Rubio [1917] [131]. De algún repertorio tomaría el autor de *España nervio a nervio* una tan justa información, pues el *DRAE* no se la pudo dar, pues no es que falten en él cinco términos de la serie, sino que al definir el fantasma llamado *calpamulo* lo hace mediante un cruce que no fue registrado en la compilación oficial. En la misma novela, Eugenio Noel brindará la única referencia literaria que tengo sobre *tentenelaire:* «¿Pero qué es ese *tente en el aire,* hijo de calpamulato con cambuja?» [132]. Menos extraño es que Valle-Inclán, aunque sea lejos de la que llamó Tierra Caliente, eche mano de americanismos, cuyo sentido es unívoco dentro del contexto; en *La Corte de los Milagros* habla de «una tropa chamiza entregada al cuido de mucamas y asistentes» [133]. Dejemos las mucamas que le gustó citar, pero fijémonos en el extraño *chamizo,* muy pobremente representado en la literatura, aunque sirviera para pintar un hermoso cuadro al célebre Miguel Cabrera: el *DRAE* no recoge la voz, y aunque Valle-Inclán la deja con cierta ambigüedad significativa (¿qué querrá decir con *tropa chamiza,* 'soldados mulatos'?) [134] y con no menor

---

[130] *Las siete Cucas* (1927), p. 262.
[131] Hago la afirmación sobre los materiales de la Academia.
[132] *Siete Cucas* (1927), p. 262. Se trata de la acepción 4.ª de mi léxico.
[133] (1927), p. 259.
[134] Emma Susana Speratti Piñero, *La elaboración artística en «Tirano Banderas»* (Méjico, 1957), no incluye la voz en el glosario de su obra.

imprecisión geográfica (al mezclar el septentrionalismo *chamizo* con el meridionalismo *mucama*), el efecto americanizante lo ha conseguido con eficacia.

Si estas resurrecciones o luminosos resurgimientos se encuentran en escritores de España, ninguna rareza tiene que nos asalten, una y otra vez, entre los narradores de América. Más aún, el conocimiento directo de la realidad, les llevaría a repriducirla fielmente y, acaso, a inventarla, calculándola. Alejo Carpentier da una vivaz descripción del bululú haitiano. Permítase copiar un texto algo largo, pero su belleza me justifica:

> La anarquía se entronizaba en el mundo. La colonia iba a la ruina. Los negros habían violado a casi todas las señoritas distinguidas de la Llanura. Después de haber destrozado tantos encajes, de haberse refocilado entre tantas sábanas de hilo, de haber degollado a tantos mayorales, ya no habría modo de contenerlos. Monsieur Blanchelande estaba por el exterminio total y absoluto de los esclavos, así como de los negros y mulatos libres. Todo el que tuviera sangre africana en las venas, así fuese cuarterón, tercerón, mameluco, grifo o marabú, debía ser pasado por las armas [135].

Cuarterón y *grifo* están en los diccionarios antillanos, y esa documentación les ampara; de *tercerón*, ésta es la única autorización literaria que poseo, por más que no sea, en cuanto al contenido, muy precisa, pero ¿y *mameluco* y *marabú*, nunca recogidos en la amena literatura? ¿Son realidad o el empeño barroquizante por llenar de sinónimos aparentes una descripción preñada de voces, como las frutas que se derraman desde una cornucopia? Y otro compatriota suyo, José Lezama Lima, gustará de la palabra *octavón*, documentada en el siglo XVIII y, al parecer, olvidada en la literatura hasta que —nuevo y sabroso barroqui-

---

[135] *El reino de este mundo* [1948], edic. 1967, p. 63.

zar— en *Paradiso* [1966] se nos habla de aquel afortunado mortal que «pasaba tres meses también con la querindanga habanera, untuosa mestiza *octavona*»[136]. Y, para terminar, el *cuarterón de tentempié*, que probablemente ha inventado Carlos Obligado, en sus *Tradiciones argentinas* [1903], pues sobre no conocer el término en ningún repertorio, se aproxima a los *cuarterones* de español y saltatrás[137] de otros sitios, aunque no coincida con ellos, porque el narrador trata de crear un clima, no de hacer precisiones antropológicas.

---
[136] Edic. 1974, p. 287.
[137] *Vid. tentempié*, en el *Vocabulario*.

FORMACION DE ESTE LEXICO

No es sorprendente que la abrumadora mayoría de nuestros cruces tenga nombre español. Y no lo es porque se trata de una parcela lingüística que los españoles hubieron de bautizar. Claro está que su léxico no servía para estas necesidades, porque el mestizaje peninsular apenas si había existido, salvo con moros y judíos, y aún la tez de los cruces no debió manifestar grandes diferencias. De ahí que para el caso valieran *berberisco, morisco, mulato* [138] y, con cierta generosidad, *jenízaro*, el resto tuvo que habilitarse y, como siempre que del hombre se trata, se buscó su parecido en los animales: una larga serie de palabras son habilitación de puras denotaciones (*cabro, lobo, marabú*), mientras que otras —las más— han trasplantado a las castas lo que eran particularidades de los animales, especialmente del caballo (*cambujo, castizo, cuatralbo, lunarejo, mulato, requinterón y tresalbo*), por cuanto el caballo era el animal más familiar a los conquistadores, primero, y a los colonizadores, después. Lógicamente, en esta lista no podían faltas los términos árabes, o arabizados, por cuanto significó el vocabulario ganadero árabe en la formación del léxico español del mismo campo y, como es lógico, por la

---

[138] El caso último es distinto, pues se trata de una metáfora tomada del mundo animal. Bien claro lo vio Juan de Solórzano Pereira en su *Política indiana* [1648], edic. de la BAAEE, t. I, 1971, p. 445: «por tenerse este mezcla por más fea y extraordinaria y dar a entender con tal nombre que le comparan a la naturaleza del mulo».

Mulato. Lámina núm. 45. Trujillo del Perú. Tomo II

importancia del arabismo en nuestra lengua: los arabismos y mozarabismos no son términos directamente zootécnicos, sino adaptados; poco, pues, para comprender aquella consecuencia de las viejas migraciones invasoras desde las estepas de Asia hasta la Península Ibérica [139]. Parcialmente, al menos, alguna relación tienen los arabismos con la ganadería, y así quedan como nombres de castas *albarazado* (ár. b a r á ṣ 'lepra blanca', que designó, luego, al 'animal entrecano'), *cambujo* (mozarabismo filtrado por el árabe q a p ū č 'capuz o velo para cubrir el rostro' y, después, 'negruzco', es de suponer por el color con que se hacían los capirotes), *jarocho* (ár. ḫ a r ū t 'mujer mala' y, más tarde, 'insolente' y 'mulato').

Ahora bien, el hispanismo de este léxico se apoya en alternancias peninsulares (*albarazado* / *albarrazado*) o en la conservación arcaizante de las hablas dialectales. De este modo —como en tantas y tantas ocasiones— América revitalizó [140] lo que en España se iba quedando anticuado y que sólo ha podido sobrevivir en regiones muy conservadoras; tal es el caso de *barcino*, aferrado en zonas marginales, de *cabro* y *jarocho* supervivientes en regiones periféricas, de *moreno* como 'negro», que, conocido en la edad de oro, no prosperó después. Este *moreno* nos acerca a un mundo de bajezas y ruindades del que sacaría, y no poco, fruto Quevedo [141], y ya en el deslizadero estaría nuestro *galfarro*, término jergal que de 'hombre ocioso y de mala vida' pasó a ser 'rufián, ladrón' y 'mulato'.

Como puede inferirse de apreciaciones ya formuladas, el vocabulario español se adaptó a una nueva realidad, lo que —necesariamente— obligó a multitud de deslizamientos semánticos. Unas

---

[139] Arnald Steiger, *Contribución a la fonética del hispano-árabe y de los arabismos en el ibero-románico y el siciliano*, Madrid, 1932, pp. 5-6.

[140] Amado Alonso, *El problema de la lengua en América*, Madrid, 1935, pp. 20-24, *passim*; Juan M. Lope Blanch, *El español de América*, Madrid, 1968; Angel Rosenblat, *Nuestra lengua en ambos mundos*, Madrid, 1971.

[141] Cfr. Eugenio Asensio, *Itinerario del entremés*, Madrid, 1965, pp. 259-285, y bibliografía que, sobre Diego Moreno, se cita en la obra.

veces por eufemismo (*castizo, ladino, moreno, negro, pardo, trigueño*), otras por disfemismo (*cholo* 'indio', *indio* 'mestizo'), que pueden llegar al extremo de mayor degración (*chamizo* 'diablo') [142] Bien que lejanas tradiciones culturales hayan podido condicionar el cambio, como llamar *gentil* al 'hijo de coyote e india'. Al comenzar este capítulo he considerado la aportación que el léxico ganadero proporcionó a la parcela que estamos estudiando: si no hay tratamiento despectivo, estaríamos ante simples metáforas, y no ante hechos disfemísticos; pienso, por ejemplo, en el refrán tantas veces oído en nuestras transcripciones andaluzas: «si quieres ver el cuerpo humano, mira por dentro un marrano». Estaríamos —una vez más— ante motivaciones como las cumplidas en todas las lenguas románicas [143]: en ellas el léxico de la albeitería, pongo por caso, se normalizó en la lengua común tras haber pasado por un período de metáfora humorística o de disfemismo. En ocasiones, la causa del cambio ha sido un simple deslizamiento, mediante el cual el significado se ha extendido, pensemos en el castellano *grifo* 'cabello negro' que pasa a ser, por ejemplo, 'cruce de indio y loba', evidentemente por el ensortijamiento de los cabellos, o *limpio* 'hijo de español y gente blanca' cuyo color de piel es igual al de los europeos (si es que además no influyó el concepto anticristiano de la limpieza de sangre), o *puchuelo* 'hijo de europeo y ochavona' cuyo color totalmente blanco evoca las *puches* castellanas, si mi etimología es cierta. Por último, el traslado significativo se produce por la actividad de las gentes (*china* 'sirviente' > 'hijo de indio y zambo', porque, lógicamente, ejercían trabajos no liberales) o por la geografía (*montañés*) 'mestizo', porque en la serranía del Cuzco abundó desde muy pronto el cruce de sangres [144].

---

[142] León, p. 22.
[143] Desde A. Zauner en adelante (*Die romanischen Namen der Körperteile*, «Romanische Forschungen», XIV, 1903, pp. 339-630).
[144] *Vid. montañés* en la segunda parte de este trabajo. Cfr. Caro Baroja, p. 18.

Pero este es un léxico activo y dotado de vida. Aunque no sea de mi incumbencia actual, he tenido que señalar los numerosos cambios semánticos que se han producido desde la nueva base sobre la que se han asentado las palabras. Para no dilatarme en lo que fácilmente se comprueba, quiero dar un solo ejemplo: *barcino* designaba en español a ciertas manifestaciones del pelo de los animales. De la zoología pasó en América a nombrar cinco cruces (albarazado × coyota, albarazado × mulata, albarazado × india, albarazado × blanca y jíbaro × loba), pero la vitalidad de la voz duró en multitud de connotaciones referidas a cualquier animal o a perros, gatos y vacas, y, donde un salto en la escala de la naturaleza, a peces y plantas en los que se vio cierto parecido con el color del ganado barcino. Pero —y esto ya depende de las supuestas condiciones morales que se atribuyen al mestizaje— *barcino* es el 'político que munda de casaca' o un simple insulto. No merece la pena seguir con cosas que digo en el *Vocabulario*, véanse, por ejemplo, las palabras *cabro, cambujo, criollo*, etc.

América no se limitó a aceptar o a comparar dentro de la tradición que recibía, sino que —además— creó. Creó cuando sus necesidades no quedaban satisfechas con la herencia recibida, y entonces tuvo que inventar palabras en las que, muchas veces, el humor se reflejaba: *ahí te estás, notentiendo, puchuelo, sacalagua, tentempié, tentenelaire, tornatrás*; otras en las que el propio léxico español generaba nuevos satélites de una constelación: si en Castilla *cuarterón* es 'cuarta parte', no hay ningún inconveniente en inventar *tercerón, quinterón, ochavón, requinterón*[145]; para designar las proporciones a que hacen referencia *tercero, quinto* y *ochavo*; si *lunar* es 'pequeña mancha en el rostro' nada de extraño tiene inventar *lunarejo*, que debe ser lo mismo que en España *estrellado* 'caballo que, en la frente, tiene una mancha en forma de estrella'.

Este mundo tan complejo se cierra con las aportaciones que pudiéramos llamar de adstrato. No necesita explicarse el contacto

---

[145] Me baso en que todas estas palabras faltan en el *DRAE*.

del español con las lenguas indígenas, que produjo trasvases culturales de importancia decisiva; por eso mismo sería extraño que no hubiera otra suerte de americanismos [146] en nuestras enumeraciones, y, en efecto, hay un término tomado de cada una de las lenguas siguientes: del taíno (*jíbaro*), del náhuatl (*coyote*), del inca (*chino*) y del aimara (*cholo*).

Por último, el portugués fue el adstrato geográfico que permitió introducir, desde el Brasil, una palabra tupí (*mamaluco*) que se adaptó al español *mameluco* 'soldado del sultán' y que ha designado ciertos cruces bastante heterogéneos. Pero lo que interesa a nuestro objeto es que poseemos un hermoso testimonio del español; quienes nos lo han transcrito bien merecen nuestro recuerdo. Jorge Juan y Antonio de Ulloa, ilustres marinos por mil conceptos, quisieron establecer los límites de los dominios de España y Portugal en los territorios de Mainas; fruto de este interés fue una importante memoria titulada *Disertación histórica y geográfica sobre el meridiano de demarcación entre los dominios de España y Portugal y los parajes por donde pasa en la América meridional, conforme a los tratados y derechos de cada Estado y las más seguras y modernas observaciones* [147]. En la página 140 escriben: «componíase pues la escolta de gente mestiza, toda ella amulatada, a quien los portugueses del Brasil dan el nombre de *mamelucos*».

Pero no sólo la contigüidad geográfica de Brasil permitió el intercambio. No se olvide que Portugal explotó como nadie el comercio negrero [148]; lógicamente, términos lusitanos pasarían al es-

---

[146] Me refiero a una investigación muy reciente: Jesús Gútemberg Bohórquez, *Concepto de 'americanismo' en la historia del español. Punto de vista lexicológico y lexicográfico*, Bogotá, 1984.

[147] Sin lugar ni año de impresión, pero publicada «de orden del rey nuestro señor»; se reimprimió en Montevideo (1845), se tradujo al francés (París, 1776) y se ha hecho una edición facsímil (Madrid, 1972), que es la que utilizo.

[148] Cfr. H. S. Klein, *The Middle Passage: Comparative Studies in the Atlantic Slave Trade*, Princeton, 1978; *The African slave Trade from the fifteenth to nineteenth Century*, París (Unesco), 1979; Edmundo A. Co-

pañol como consecuencia de unas actividades en las que Castilla fue subsidiaria de Portugal [149]. Ninguna tan importante como la voz *criollo* pue, a través de los negros que empezaban a hablar portugués [150], *criollo*, es decir, el 'esclavo criado en casa', penetró en español y se aclimató con prodigiosa fecundidad.

A otro orden de cosas pertenecen un lusismo evidente (*chamizo*), que de 'junco que cubre las chozas' [151], pasó a designar las gentes pobres que habitan esos tugurios y, luego, el 'hijo de coyote e india'.

Si todos estos son los arribes que han formado el léxico que comento, hemos de pensar —también— que con la mena penetraron vetas de ganga que deberemos eliminar. El *DRAE* tiene recogido *barnocino*, que, a mi modo de ver, es un hapax documentado sólo en unas pinturas de Morelia, frente al archisabido *barcino*; también se registra *culpamulo* que carece de autoridades, y que tampoco se registran en los ficheros académicos, y por último *cuatratuo* errata de un texto del Inca Garcilaso que ha tenido especial fortuna, pues incluso Corominas, le dio cabida en su *Diccionario* y consideró su formación como incierta; como, ade-

---

rreira Lopes, ... *A Scravatura*. (*Subsídios para a sua história*), Lisboa, 1944: University of Edinburg, *The Transatlantic Slave Trade from West Africa*, Edinburgo, 1965; Carlos Sempat, *El tráfico de esclavos en Córdoba, de Argelia a Potosí* (*siglos XVI-XVII*), Córdoba [Argentina], 1966; Diego Luis Molinari, *La trata de negros: datos para su estudio en el Río de la Plata*, Buenos Aires, 1944; R. Mellafe, *Negro Slavery in Latin America* (trad. J. W. S. Jadge), Berkeley, 1975; Colin A. Palmer, *Human Cargoes: the British Slave trade to Spanish America, 1700-1739*, Urbana, 1981.

[149] La bibliografía no es escasa, pero me limito a obras en las que puede encontrarse una información actualizada: Charles Verlinden, *Les débuts de la traite portugaise en Afrique, 1443-1478* («Studia Historica Gandensia», 1967); Germán de Granda, *Estudios lingüísticos e hispánicos, afrohispánicos y criollos*, Madrid, 1978; A. C. Caunders, *A Social History of black Slaves and Freedmen in Portugal*, Nueva York, 1982.

[150] Véase lo que comento en torno a un texto del Inca Garcilaso en el estudio de la voz.

[151] Moraes, s.v. *chamiça*: «Junco bravo, que nasce em pantanos, de que talvez se cobrem palhoças» (*Dicc. lingua portugueza*, edic. 1881).

más, el *DRAE* la considera sinónimo de 'cuarterón' sería difícil luchar contra el fantasma. He aquí su nacimiento: el Inca dijo simplemente: «quarterón o *quatratuo* al que tiene cuarta parte de indio» [152]. El gran cuzqueño sabía perfectamente que *cuatralbo* era el 'hijo de español y mestiza', según dejó muy bien escrito en los *Comentarios Reales* [153] y este *cuatralbo* peruano se opone al *cuarterón* de la Nueva España. Por tanto, si el Inca ha escrito y definido bien *quatraluo* este absurdo *quatratuo*, al que empareja acertadamente con *quarterón*, no es sino una errata de imprenta, que leyó *t* por *l*, ya que la *u* no es otra cosa que la grafía habitual para transcribir la *b* fricativa.

Largo ha sido el excurso, pero creo que las cosas han ido quedando claras; más aún si pensamos en etimologías que hemos ayudado a desvelar o a sustentar (*criollo, harnizo, puchuelo, zambahigo, zambo*). Se trata de un léxico que ha habido que inventar: el descubrimiento de América hizo que el hombre europeo encontrara una nueva realidad a la que se adaptó, como sus animales, como sus plantas. Pero, además, la nueva realidad tuvo que ser nombrada y, en el capítulo que ahora nos ocupa, la nueva realidad se llamó mestizaje. Era éste un proceso casi totalmente desconocido en España, donde las mezclas se hicieron —normalmente— entre gentes del mismo color: la lengua resultó insuficiente para todos aquellos frutos, tan heterogéneos, que iban naciendo; más aún, la llegada de los negros [154] dio una inusitada complejidad

---

[152] El texto completo, s.v. *cuarterón*; ahora lo reduzco a las palabras que me interesan.

[153] *Vid.* esta palabra en el *Vocabulario*.

[154] Agustín Alcalá Henke, *La esclavitud de los negros en la América española*, Madrid, 1919; José Antonio Saco, *Historia de la esclavitud de la raza africana en el Nuevo Mundo y en especial en los países Américo-Hispanos* (4 vols.), La Habana, 1938; Georges Scelle, *La traité négrière aux Indes de Castille, contrats et traités d'assiento* (2 vols.), París, 1906. Sobre la cuestión en general, *vid.* la abrumadora bibliografía en la obra, ya citada, de Germán de Granda, y, para las escalas intermedias a que aludo en el texto, Antonio Ruméu de Armas, *Piraterías y ataques navales contra las Islas Canarias*, Madrid, 1947, pp. 342-352. Sobre cuestiones en relación con

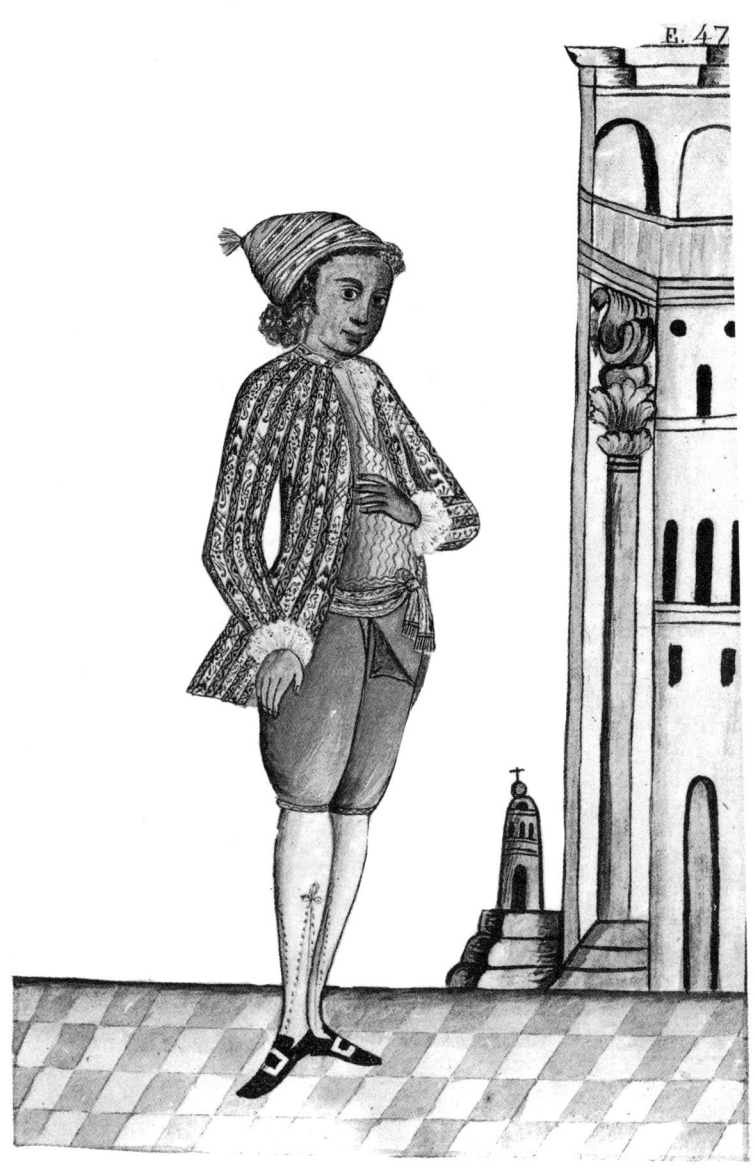

Zambo. Lámina núm. 47. Trujillo del Perú. Tomo II

a lo que naturalmente hubiera sido por sí mismo difícil: el segundo, el tercer, el cuarto grado de mestizaje, las mezclas de unos con otros, etc., nada tenían de sencillo; el nuevo factor potenciaba hasta el infinito la posibilidad de combinar. Y resultó este casi galimatías que trato de comentar. Entonces la lengua trasvasó directamente lo poco que pudo trasvasar (*berberisco, morisco,* etc.), recurrió a las traslaciones del mundo animal (*cabro, cambujo,* etcétera), buscó comparaciones dignificadoras (*ladino, moreno,* etcétera) o envilecedoras (*cholo, indio,* etc.) o comparó asépticamente (*grifo, limpio,* etc.). Esto no es sino prueba de vitalidad y la vitalidad no terminó en el acto mismo de la creación sino que sigue activa en todos los pueblos que hablamos la misma lengua: de ahí la nueva andadura que descubrimos para este léxico.

El español de América no sólo adaptó, por más que esta sea su ejecutoria, sino que adoptó términos indígenas de cuantas lenguas se puso en contacto (*jíbaro, coyote, cholo*) o del portugués (*criollo, chamizo,* etc.), y —lo que es más importante— creó. Creó para enriquecer la herencia común, y, desde dentro de una lengua que es propia, el hombre americano, dueño de su instrumento, inventó por comparación con lo que ya existía (*tercerón, quinterón,* etc.) o manifestando su originalísima personalidad (*ahí te estás, notentiendo, tentenelaire,* etc.). Sorprendente riqueza de motivos en una parcela de léxico tan escasa o mal conocida: quede como testimonio lo que he dicho acerca de grandes diccionarios.

---

estos problemas, aunque desde una perspectiva estrictamente lingüística, *vid.* el muy reciente libro de Germán de Granda, *Estudios de lingüística afro-románica.* Valladolid. 1985.

A MANERA DE DESPEDIDA

El mundo deslizante de razas y castas contó con una notable proyección en el mundo hispánico. Al analizarla no he tratado de hacer biología, sino de transmitir una curiosa parcela del mundo que rodea a unos hombres atentos y, resultó además, que nos dio a conocer numerosos aspectos de una abigarrada sociedad. Porque no son las mezclas que sirven para explicar cada una de esas posturas, sino de pequeños paisajes o de ámbitos cerrados, con los enseres que puede abarcar la mirada en una rápida visión; fueron, también, atuendos y composturas, juegos y comentarios, oficios y escenas domésticas [155]. Y, por supuesto, los hombres y las mujeres que un día vivieron y poblaron las ciudades de América [156]. A esto le llamaríamos antropología, pero tal

---

[155] Y queda fuera algo que anotó Humboldt: «Las castas de sangre india o africana conservan el olor que es particular de la transpiración cutánea de estas dos razas primitivas. Los indios peruanos que en la obscuridad de la noche distinguen por su delicado olfato las diferentes razas, han formado tres voces para el olor del europeo, del indígena americano y del negro: llaman al primero *pezuña*, al segundo *poso* y al tercero *grajo*» (libro II, cap. VII, p. 90 *a*).

[156] A lo largo de estas páginas me asomaré a un libro que es interesante, pero que no toca las cuestiones que aquí me afectan; me refiero al de C. R. Boxer, *Women in Iberian Expansion Overseus, 1415-1815. Some Facts, Fancies and Personalities*, Nueva York, 1975. Creo oportuno aducir en este momento un libro muy equilibrado de Angel Rosenblat (*La población de América en 1492. Viejos y nuevos cálculos*, México, 1967) y otros

vez fuéramos injustos: porque no se trata de un frío y desenamorado contar, sino —además— la visión encariñada de un mundo al que el artista, si lo es, consigue darle vida. Cierto que, como en la viña del Señor, hay uvas, pámpanos y agraz: junto a los nombres de artistas ilustres o bajo el anonimato de quienes lo fueron, hay muchas manos adocenadas y sin vibraciones; lo dijo un narrador coetáneo al que llamamos Concolorcorvo. Pero también los pinceles torpes nos valen entonces: para servir a lo que llamaríamos «palabras y cosas» o para enriquecer nuestro caudal léxico.

Esta ha sido mi pretensión: explicar una colección de términos, nada menos que 82 con unas 240 acepciones para que la lengua que hemos heredado nos sirva para aclarar los hechos de hoy y nosotros sepamos entender su pasado. De todo ello me he ocupado ya, y a todo ello volveré con otro sentido en el *Vocabulario* que constituye la segunda parte de este libro. Pero lo que pudiera ser un quehacer aséptico se ha enrevesado muchas veces con leyendas blancas y negras, con sentimientos respetables, pero no objetivos, con anacronismos de gentes llamadas científicas. A todo ello he procurado atender y no dejarme ganar sino por la verdad, o, al menos, por la que en mi limitación humana creo que es la verdad.

Me he hecho cargo, sí, de las pinturas, pero también de la literatura. He querido que nada faltara en este momento y he pretendido poner un ilustre contrapunto a pintores y prosistas: aquel curioso viajero que quiso llamarse Concolorcorvo ha sido el semitono con el que he querido ilustrar lo que pudiera ser —sólo— un plano sin profundidad; los resultados obtenidos —a pesar de su limitación— me parecen que satisfarán a los curiosos. Pero, insisto, tampoco esto era lo que justificaba mi trabajo, sino el valor que para el léxico tenía el mestizaje; esta sola era mi

---

diversos tratados Nicolás Sánchez Albornoz y José Luis Moreno, *La población de América Latina. Bosquejo histórico*, Buenos Aires, 1968; N. Sánchez-Albornoz, *La población de América Latina. Desde los tiempos precolombinos al año 2000*, Madrid, 1973).

pretensión para no repetir, como tantas veces se ha hecho en este campo, lo que otros habían dicho de mil maneras. Y aquí sí este parvo pegujal nos descubre mil curiosidades: la distribución americana del léxico, la muerte de una parcela del vocabulario y su inusitada resurrección en escritores de las dos orillas del mar que nos separa, el origen de un vocabulario que siendo casi exclusivamente español, España —sin embargo— no lo poseía: ahí están unas pocas traslaciones peninsulares, pero otras muchas que han tenido que traerse desde la zoología, desde las metáforas, animales o no, desde la jerga, desde los eufemismos y desde los disfemismos. Ahí están tantos y tantos términos españoles adaptados a la nueva realidad americana o los préstamos de las lenguas indígenas o del portugués de los negreros. Y quedan las nuevas etimologías o la solución de la que eran todavía dudas.

Pero este vocabulario dejó de ser eficaz cuando las mezclas rebasaron todas las posibilidades imaginables [157]. Surgió la igualación de los hombres [158] y, con ella, muchas cosas dejaron de operar, aunque no estemos libres de igualar lo que sentimos con lo que pensamos. Pero lo que un día fue discriminación hoy no opera. Acaso sirve como un curioso espectáculo para conocer el pasado: es lo que hemos hecho. Acodados al balcón de nuestro recuerdo hemos visto pinturas y hemos leído relatos. Un pedazo de la vida de esta América —permítase— mía. He querido entender y aclarar.

---

[157] En 1909, J. Deniker señaló que «at the present day about six-sevenths of the populatio nof the two Americans are composed of Whites and Half-breed of all sorts. The remainder is made up almost equally of Negroes and natives» (*The Races of the Man: An Outline of Anthropology and Ethnography*, New York, 1909, p. 507). Cfr. Mörner, pp. 72-74.

[158] Véase el cap. I (*Race Relationes*), de la obra de C. R. Boxer, *The Church Militant and Iberian Expansion 1440-1770*, Baltimore-Londres, 1978, pp. 1-2 y, especialmente, las 14-22. También el cap. II (*Cultural Interactions*) nos interesa y, en general, los apartados dentro de cada capítulo en lo que concierne al mundo que estudiamos.

Parte segunda

VOCABULARIO

ahí. *Méj.* Descendiente de blanco, indio y negro, dominando el indio [159].

Vid. ahí te estás.

* * *

ahí te estás. *Méj.* Hijo de coyote [mestizo] y mestiza [160]. // 2. *Méj.* Hijo de coyote mestizo y mulata [161]. // 3. *Méj.* Cruce de no te entiendo con india [162]. // 4. *Méj.* Cruce de indio y coyota [163].

La terminología no se recoge en el *DHist*, ni en el de Friederici, pero su sentido es bien claro: hace referencia al mantenimien-

---

[159] León, p. 21.

[160] Blanchard I, p. 62, § 16. Aunque copia la cartela del cuadro, debía poner *coyote mestizo*, de acuerdo con la secuencia de cruces que se van haciendo.

[161] León, gráfico 1; *ib.*, p. 57, núm. 16; recogido por Rosenblat, p. 169, con datos de investigadores anteriores. En Moreno (p. 213) no hay información; tampoco en Moreno, *Cuadros* (p. 143).

[162] Herrera-Cícero [1985], cuadro del § 804; Riva Palacio, p. 472 b; León, p. 9; Pérez de Barradas, p. 235, § 59; Rosenblat, p. 176, § 1.16. Woodbridge (p. 358) escribe mal *hay te estás*.

[163] Pérez de Barradas, p. 235, § 60.

to del color en un nuevo cruce; si se trata de un coyote y una mulata, el esquema de su evolución es como sigue:

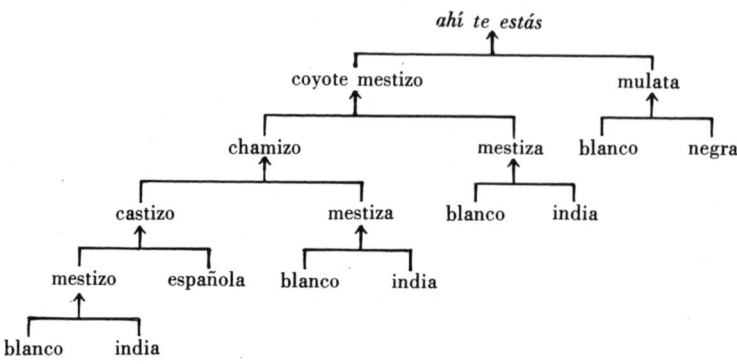

Y si de cruce de *notentiendo* (*vid.* esta palabra) con india, es tan complicado el proceso de mestizaje que nada se puede mejorar. De todos modos, obsérvese que la línea que cierra el blanqueamiento es, en ambos casos, una línea mulata.

En la monografía del doctor Nicolás León no se especifica la condición del cruce, sino que se dice —simplemente— «descendiente de Blanco, Indio y Negro, dominando el Indio» (p. 21), aunque en su gráfica 1.ª la proporción sanguínea queda distribuida así: 15,62 blanca, 59,38 india, 25 negra. Pero tanto este autor como Blanchard eliminaron todos los cruces de grados más avanzados porque la complicación es extrema. Aranzadi (p. 1093 b) vio cuán complicados se habían hecho estos cruces y la definición de Cícero tendría según él 463 ascendientes blancos, 449 negros y 112 indios de la décima generación de antepasados, mientras que en otro cuadro de Méjico tendría una distribución de 2.160 indios, 1.487 blancos y 449 negros de la duodécima generación.

Creo que es cierto el juicio de León cuando estima la voz como de «origen americano» o, mejor, formada en el español de América para expresar un concepto que no existía en Europa.

* * *

albarazado. *Méj.* Dícese del descendiente de chino y jenízara [164]. // 2. *Méj.* Hijo de cambujo y mulata [165]. // 3. *Méj.* Cruce de jíbaro (4.ª acep.) y mulata [166]. // 4. *Méj.* Hijo de lobo (3.ª acep.) y de india [167]. // 5. *Méj.* Cruce de tentenelaire (5.ª acep.) y mulata [168]. // 6. *Méj.* Hijo de coyote (3.ª acep.) y morisca [169]. // 7. Mezcla de coyote y mestiza [170]. // *Méj.* Cruce de jíbaro con india [171].

Según el *DRAE, albarazado* o *albarrazado* hacen referencia a las manchas blancas en la piel que producía la lepra de este color (<hispano-árabe b a r á s). La dolencia conocida por *albaraz* se documenta desde el siglo XIII, y se transcribía con *r* simple o doble. Cervantes usó la palabra con el valor de 'entrecano' o 'blanco sobre fondo gris', lo que es conforme con la mezcla que denuncian nuestros significados, pues, en todos ellos, hay uno o varios cruces con blanco. La iconografía mejicana de los *albarazados* [172] muestra, como es lógico, seres de piel oscura, pero de ningún modo negra, lo que hace pensar en el color mezclado al que nos hemos referido y, en uno de esos cuadros, el albarazado contempla a su mujer *(mulata)* que es hilandera: tuerce hilo en el torno y la niña *(barcina)* lleva una cesta con madejas; el ámbito es modesto: una lámina de papel sobre la pared, una gui-

---

[164] De todos los significados de la voz es éste el único que figura en el *DRAE*.

[165] Varey, II, p. 130; Blanchard I, p. 62, § 11, y II, lám. XI, § 9; León, p. 55, núm. 11; Pérez de Barradas, p. 236, § 63; Rosenblat, p. 168, § 1.11.

[166] Blanchard I, p. 63, § 10 (segunda serie); León, p. 44, núm. 10; Pérez de Barradas, p. 236, § 62; Rosenblat, p. 169, § 2.10.

[167] León, p. 41; Pérez de Barradas, p. 235, § 58; Rosenblat, p. 170, § 3.11.

[168] Hamy, p. 104, núm. 12; León, gráfico 2; Blanchard I, p. 63, § 12 (tercera serie); Pérez de Barradas, p. 235, § 61; Rosenblat, p. 173, § 4.12.

[169] León, p. 39; Pérez de Barradas, p. 236, § 65; Solano, p. 13.

[170] Hoyos, *Lecc. Antropol.* [1900], III, p. 314.

[171] Pérez de Barradas, p. 236, § 64, con autoridad de Cícero.

[172] Rosenblat, láms. 10 y 11; *Pint. colonial*, láms. 8 y 9.

tarra colgada de un clavo y el petate arrollado en un rincón [173].
En la descripción de Hamy (p. 105, nota 13) el *albarazado* vende
legumbres [174] y, en la de León (p. 44, núm. 11), cacharros y utensilios domésticos.

León (p. 21) se limita a decir, «mezcla de las tres razas primordiales», pero en el gráfico 2 significa el cruce de tente en el
aire y mulata. Según él, las proporciones de sangre son: 25 %
blanca, 40,60 india, 34,40 negra.

* * *

albarrazado // 2. *Méj.* Cruce de zambaigo (5.ª acep.) e india [175]. // 3. *Méj.* Hijo de blanco y cambuja (8.ª acep.) [176]. //
4. *Méj.* Casta de jíbaro (2.ª acep.) con india [177]. // 5. *Méj.*
hijo de tente en el aire y mulata [178].

Vid. la anterior. *Albarrazado*, como sinónimo de *albarazado*,
en León (p. 21, s.v.). La alternancia *albarazado / albarrazado*
consta en el *Dicc. Hist.* de 1933 y en la edición del *DRAE*, de
1984, se dice que es 'de color albarazado'.

* * *

albino. *Méj.* Dícese del descendiente de europeo y morisca [179]. //
2. *Méj.* Cruce de blanco y tercerona [180].

---

[173] Blanchard II, lám. XII; León, p. 56, núm. 12.

[174] En una descripción de León (p. 63, núm. 13), la india tiene el puesto
de hortalizas y el *albarazado*, semidesnudo, le ofrece un plato de pulque.

[175] Heger, p. 462, § 10; Rosenblat, p. 170, § 5; Herrera-Cícero no definieron la voz (p. 90).

[176] Varey, § 20, 4.º grado; Rosenblat, p. 176, § f, 4.º, 21.

[177] Riva Palacio, p. 472 b; Rosenblat, p. 176, § h, 10.

[178] León, p. 58; Rosenblat, p. 173, § 9.12.

[179] Según el *DRAE;* Blanchard I, p. 62; Heger, p. 462, § 6; León,
gráfico 3 y p. 38; *ib.*, p. 41; *ib.*, p. 41; Aranzadi, p. 1093 a; Pérez de Barradas, p. 233, § 26; Solano, p. 13; Moreno, p. 2; Moreno, *Castas*, p. 140.
Vid. el lienzo de Luis de Mena en *Pint. Colonial*, lám. 26. También en
Santo Domingo, según Woodbridge, p. 356.

[180] Varey, II, p. 129; Rosenblat, p. 175, § f, 3.º, 12.

La representación del tipo en un cuadro del museo de Méjico [181] muestra que la condición de los albinos era socialmente alta. Prescindiendo de cuanto pueda pertenecer a la idealización, la albina viste con decoro, habita casa ornada con cuadros y cornucopias, el mobiliario es lujoso, y, por si hiciera falta, marido y mujer tienen tiempo para jugar una partida de dados.

En los esquemas de León, el *albino* tiene 87,50 % de sangre blanca y 12,50 % de negra.

* * *

barcino. *Méj.* Dícese del hijo de albarazado y coyota [182]. // 2. *Méj.* Hijo de albarazado y mulata [183]. // 3. Hijo de albarazado e india [184]. // 4. Cruce de albarazado y blanca [185]. // 5. *Méj.* Cruce de jíbaro y loba [186].

Rechazadas por Corominas (*DCELC*, s.v.) las etimologías árabes que se habían propuesto, hay que pensar en el origen desconocido de la voz. No obstante es indudable su origen peninsular, por cuanto se atestigua en España antes del Descubrimiento de

---

[181] Blanchard II, ilustración VI; descrita minuciosamente por León, p. 52, núm. 7.

[182] Rosenblat, p. 168, § 1.12; Deive [1977], p. 239; Rubio [1917], p. 178; Santamaría [1942], s.v.; Moreno, p. 213; Moreno, *Cuadros*, p. 142 (sin precisiones).

[183] Blanchard I, p. 62, § 12; Pérez de Barradas, p. 236, § 67; Woodbridge, p. 356.

[184] Hamy, p. 105, núm. 13; Blanchard I, p. 63, § 13 (tercera serie); León, lám. 4; *ib.*, p. 58; Aranzadi, p. 1094 a; Santamaría, *loc. cit.*; Pérez de Barradas, p. 236, § 66; Rosenblat, p. 170, § 4, y p. 177; Woodbridge, p. 356.

[185] Varey II, p. 130; Aranzadi, p. 1094 b; Rosenblat, p. 176, § 6; Deive, p. 229; Santamaría, *loc. cit.*; Woodbrodge, p. 356.

[186] Heger, p. 462, § 18; Rosenblat, p. 170, § 5; Deive, p. 239; Santamaría, *loc. cit.*; Woodbridge, p. 356.

América (Guillén de Segovia [1475]). Referido al color de los perros, *barcino* aparece en la *Tragedia Policiana*, de Sebastián Fernández [1547]) [187], en Fernández de Oviedo [188], en documentos americanos [189], en la *Agricultura Cristiana*, de Pineda [1589] [190] y en los ejemplos tan traídos y tan llevados del *Quijote* [191] y del *Coloquio de los perros* [192]; de ahí que el refrán transmitido por Correas («Galgo *barzino*, o mui malo o mui fino») [193] haga referencia, precisamente a un animal de ésta y no de otra especie. La caracterización del color aparece en el *DRAE* desde 1770 y llega a la edición de 1984 con muy pocas variantes [194]. En la Península el adjetivo subsiste en numerosas zonas arcaizantes (*vid. DCELC*), pero en América se documenta con enorme vitalidad, consecuencia de ello es su traslación a otros campos semánticos. He aquí los valores que se reconocen al adjetivo: 'animales que tienen rayas anchas transversales' [195], 'color blanco y

---

[187] NBAAEE, XIV, p. 42 *b*.

[188] «Estos perros eran de todos aquellos colores que los ay en España; algunos de una color τ otros manchados de blanco τ prieto o bermejo o *barcino*» (*Hist. Indias*, I, p. 99 *b*).

[189] *Codoin Amér.*, V, 1866, p. 389: «y traian perros de ayuda, *barcinos* de trailla, muy mayores que los de Irlanda».

[190] «Galga *barzina*» (f. 42).

[191] II, III, f. 276 *v* (edic. Academia, 1917): «dos famosos perros para guardar el ganado, el uno llamado *Barcino*...».

[192] Edic. Academia, IV, 1917, f. 244: «Me puso nombre, y me llamo *Barzino*». Tal era, también, el nombre de uno de los perros de caza de Felipe II (Cejador, *Vocab. Quijote*, s.v.).

[193] *Refr.* [1627], edic. L. Combet, Burdeos, 1967, p. 343 a.

[194] «Se aplica a lo que es de color blanco y pardo y algunas veces rojo, como lo suelen tener los perros, vacas y toros, y lo prueba el refrán que dice: el galgo barcino o malo o muy fino.» La definición se mantiene hasta 1837, pero en 1852 se evita el feo loísmo («*lo* suelen»); la edic. de 1884 suprime el refrán; en 1899 se acorta la definición y así dura en 1914 y 1925; vuelve a abreviarse en 1927 (y 1950), pero en 1939 y 1956 se dio marcha atrás y se recuperó la de 1914.

[195] Membreño, *Hondureñismos* [1895], s.v.

pardo' [196], 'con rayas negras transversales a manera de los tigres de Bengala' [197], 'perros pintados de amarillo y negro' [198], 'pelaje de vacuno, perro, gato, etc., color rojizo con manchas transversales negras o negruzcas' [199], 'en los animales, color bermejo, amarillo o gris, con listas blancas o negras a lo largo del cuerpo' [200], 'gato de pelo blanco, pardo y, a veces, rojizo' [201]. Por esta documentación vemos que la voz se conoce con precisos valores en las repúblicas de América Central, Colombia, Uruguay y Argentina, y se refiere a perros, bueyes, gatos [202] y víboras [203], referencias para las cuales es fácil la ejemplificación [204]. En cuanto a la difusión geográfica podría ampliarse a Méjico [205]. La fuerza a la que me he referido se acredita por diversas extensiones significativas que ha tenido el vocablo: unas veces al léxico político [206],

---

[196] Castellón, *Dicc. Nicar.* [1939], s.v.

[197] R. J. Bouton, *Vida rural Uruguay* [edic. 1959], p. 104; definición muy próxima a ésta en J. C. Guarnieri, *Dicc. rioplatense* [1957-1968], s.v.

[198] M. F. Suárez, *Sueño L. Pulgar*, IX [1925], p. 230: «Los perros *barcinos*, o pintados de amarillo y negro, son los más bravos, y en la misma condición entran varios animales del género felis.»

[199] Saubidet, *Voc. criollo* [1945], s.v., que copia literalmente a Segovia, *Dicc. argent.* [1911], s.v.

[200] Armas, *Voces guatem.* [1970], s.v.

[201] León, p. 21.
dores [1938], p. 106).

[202] «Enseñando [...] a un gato *barcino* [...] a comer en la mesa con la pulcritud de un caballero» (Rubén Romero, *Pito Pérez* [1938], edic. 1944, p. 16).

[203] «Estaba una víbora gruesa, *barcina*, la cabeza triangular levantada» (Hugo Wast, *Valle negro* [1942], p. 294).

[204] Hay pues que atenuar la afirmación de Moliner, *Dicc.*, no muy afortunada.

[205] «Pasó por delante haciendo galopar aquel macho *barcino*» (J. Rulfo, *El llano en llamas* [1969], p. 198).

[206] «En la Argentina es el político que muda de casaca» (Ciro Bayo, *Voc. provinc. Arg. y Bol.* [1906], s.v., y aunque Malaret, *Dicc. amer.*, diga «no en Argentina»). La Academia aceptó el significado como argentinismo, a partir de 1927.

otras al botánico [207] y otras al ictionímico [208]. En Colombia, *barcino* se usa como insulto [209], lo que sería un testimonio más de la vitalidad de la voz, por cuanto en ella se identifican los valores negativos que muchas veces se han reconocido en el mestizaje. Frente a esta proliferación, el empleo de la voz en España está limitado al vocabulario técnico y a escasas alusiones: Villa y Martín en su *Exterior del caballo* da la equivalencia de *pío* y *barcino* [210], González Anaya aplica el color a un mastín [211], Valle-Inclán y Zunzunegui a metáforas fácilmente comprensibles [212], pero que se quedan con un aire impreciso. Y eso es todo.

De este conjunto tan rico y variado, cuyo mundo era el de la zoología, el adjetivo se adaptó a las mezclas humanas; lógicamente, el cruce de seres de razas distintas dio esas razas ('casta o calidad del origen o linaje') que sólo podían prosperar en América; por eso, aunque extraña, no resulta sorprendente que el *DRAE* carezca de las cuatro acepciones que he considerado; cuando más si los diccionarios de americanismos tampoco son muy ricos en tales significados: sólo tres en Deive, una en Rubio y las cuatro mías en Santamaría.

En el Museo de América de Madrid se conservan unos lienzos del famoso pintor mejicano Miguel Cabrera (1695?-1768) [213].

---

[207] En Colombia (Malaret, *Supl.* [1942], s.v.; A. di Filippo, *Lex. colomb.*, s.v.).

[208] En Venezuela es un 'pez largo y delgado, de color blanco y amarillo con unas listas negras que le corren de la cabeza a la cola' (Alvarado, *Glos. bajo esp. Venez.* [1929], también es un pez en Colombia (Buitrago, *Pesca-*

[209] Luis Flórez, *El léxico del cuerpo humano en Colombia*, Bogotá, 1969, p. 188.

[210] «Están casi reducidos [los pelos...] al pío, combinación del blanco y pardo o rojo, a que se denomina *barcino* o *bárceno*» (edic. 1881, p. 429).

[211] *Camino invisible* [1945], p. 256.

[212] «La campa *barcina* se llenaba de sombras moradas» (*Corte milagros* [1927], p. 129), «La madrugada abre ya heridas *barcinas* en los horizontes» (*Chipilchandle* [1940], p. 327).

[213] La identificación de los cuadros se debe a María Concepción García Saiz, *Pintura «costumbrista» del mexicano Miguel Cabrera* («Revista Goya», núm. 142, 1978, pp. 186-193).

El que lleva el número 12 de la serie tiene un título en el ángulo superior izquierdo: «De Albarasado y Mestiza. *Barsino*». Es una bella escena de género en que la iconografía está bien lograda y los tipos no carecen de emoción y de personalidad. Hay una buena reproducción en un libro de María García Saiz, que cito por *Pint. Colonial*[214]. De un anónimo mejicano del siglo XVIII es otra serie de cuadros, también en el Museo de América; el número 13 de la serie reza: «de arvarrasado e yndia, *barsino*»[215]. Las figuras representan tipos muy populares, como expresión del estamento social al que pertenecen[216]. Otro tanto hay que decir del cuadro que describo s.v. *albarazado*, y que pertenece al Museo de Méjico, escena familiar con protagonistas de baja condición social, que se continúa en otro cuadro de la misma colección: el barcino rasguea la guitarra al pie de un árbol, mientras la *mulata* cuida del niño *coyote*[217].

El *barcino*, según León (gráfico 4), tiene un 12,50 % de sangre blanca, un 70,30 % de india y un 17,20 % de negra.

* * *

barnocino. *Méj.* Fruto de la unión de un albarazado (6.ª acep.) y una mestiza[218].

La palabra parece derivar de la anterior. No tengo más documentación de ella que las autoridades que he aducido en la nota precedente y la que se ha citado en la página 79. Los informes de León son —creo— muy precisos para afirmarnos en la

---

[214] Lámina 9. En la explicación de la p. 42 hay una errata: *persino*, aunque la lectura del original es muy clara: *barsino*.
[215] La misma leyenda en el cuadro descrito por Hamy, p. 105, núm. 13.
[216] *Pint. Colonial*, lám. 62 y p. 146. Hamy (p. 106, núm. 14) describió un *barcino* como vendedor de chocolate y su mujer (*india*), de aves.
[217] Blanchard II, lám. XIII; León, p. 56, núm. 13.
[218] León, p. 21, s.v. *barzino*; *ib.*, p. 41; Rubio, *Dicc. mexic.* [1917], p. 179; Pérez de Barradas, p. 236, § 68; Rosenblat, p. 170, § 3.12.

hipótesis de que se trata de un hapax. «En la serie de pinturas de *Castas* de la familia Larrauri, de Morelia, se lee *barnocino* por *barcino*.»

* * *

berberisco. *Cuba.* Mulato no definido.

No dispongo de más referencia sobre el valor específico del término que ésta: «Las plantaciones tuvieron esclavos de otras razas, como *berberiscos*, moros y mulatos» [219].

* * *

blanco. *Méj., Cuba, Perú.* Hijo de blanco y quinterona [220].

La palabra no merece mayor detenimiento; se trata de una dilución de una casta mestiza en la blanca por predominio de ésta. Sociológicamente las connotaciones que *blanco* implicaba eran numerosas; séame permitido aducir un texto, muy notable, de Humboldt: «Sucede frecuentemente que algunas familias en quienes se sospecha mezcla de sangre, piden a la audiencia una declaración de que pertenecen a los blancos. Estas declaraciones no siempre van conformes con lo que dicen los sentidos. Se ven mulatos bien morenos, que han tenido la maña de *blanquearse*. Cuando el color de la piel es demasiado opuesto a la declaración judicial que se solicita, el demandante se contenta con una expresión algo problemática: concibiéndose la sentencia entonces así: *que se tenga por blanco*» (libro II, cap. VII, pp. 90 *b*-91 *a*).

* * *

---

[219] Ortiz, *Contrapunteo cubano del tabaco y el azúcar* [1963], p. 60.
[220] Humboldt, p. 90 *a*; Rosenblat, p. 176, § g.6. *Vid. gente blanca* y *español.*

cabro. Hijo de negro y mulata [221].

La designación no parece muy extendida, pues falta en los repertorios que utilizo [222]. Evidentemente se trata de un término zoológico, que sirve para designar al 'macho cabrío'. Los autores antiguos conocieron la voz: hay testimonios de las *Ordenanzas de Sevilla* [223], de las *Relaciones de pueblos de España* [1576] [224], de Lope de Vega [225], de Quevedo [226] y de la tradición oral [227]. Las citas no son muchas, pero creo que suficientes y aun explican que la palabra no prosperara por cuanto sufría la misma interdicción que *cabrón* al pasar de ser 'macho de la cabra'>'marido consentido'. No obstante, regiones periféricas como Navarra o Extremadura han mantenido el término que se pensó en desuso. Así José María Iribarren lo recogió en la Ribera de Navarra y García Plata en un cantar extremeño [228]. A la vista de estos informes

---

[221] Virey, II, p. 129. Para León es sinónimo de *galfarro* (p. 21).

[222] La voz nada tiene que ver con la voz *cabra* 'indio noble y valiente guerrero' que, documentada desde el siglo XVI, parece tener origen cuna (Friederici, s.v.).

[223] De 1527, f. 180.

[224] «Las ganados que en el y en su tierra se crian son ovejas y cabras y *cabros* y bueyes y vacas razonable» (Relación de Toledo, II, 1963, p. 226). Otro texto semejante en Toledo III, p. 825.

[225] «Andan con otros las cabras / en presencia de los *cabros*» (*Comedias* [1635], f. 114).

[226] En un romance donde el juego de palabras es previsible desde el mismo título, *Alega un marido sufrido sus títulos en competencia de otro*: «Abro puerta sin toser, / y sin decir: yo soy c'*abro*? / ¿He dicho esta boca es mía, / aun siendo ajenos los platos?» (edic. Astrana [1932], II, p. 344). Se trata de un cuentecillo tradicional, según aclara solícito Correas: «Sintiendo la puerta y diciendo ella: '¿quién anda ahí?', respondió muy manso: 'yo so *que abro*', pronunciando yo soy *cabro*, por *cabrón*, marido de cabra» (*Refr.* [1631], edic. 1924, p. 98 a).

[227] «Plata y oro trae / y perlas del mar / y diez pares de ovejas / de *cabros*, un par» (Ciro Bayo, *Cantos populares americanos* [Argentina] (RHi, XV, 1906, p. 800 a).

[228] Respectivamente, *Vov. nav.* [1952], s.v., y *Mi nochebuena* («Rev. Extrem.», 1901, p. 550). La seguidilla a la que me he referido en el texto

habría que atenuar el juicio de la Academia que, desde 1925 considera la voz anticuada en España, pero con uso en América [229]. En España sigue usándose, aunque sea cierto que en el Nuevo Mundo es de empleo general. Lógicamente, si se documenta en todos los países, son más que razonables las hipótesis de Gagini [230] y de García Icazbalceta [231] que postulaban por su origen español, según queda probado. Se trata pues, de un arcaísmo del español de América que en el Nuevo Mundo tiene enorme difusión: Puerto Rico, Cuba, Nicaragua, Guatemala, Honduras, Costa Rica, Colombia, Venezuela, Ecuador, Chile, Argentina [232].

La vitalidad americana explica, como otras veces, el empleo de la voz en campos distintos de aquel en que nació: tal sería el caso de deslizamientos significativos fácilmente explicables como el de llamar *cabro de monte* a un 'ciervo rojizo y con manchas blancas en el vientre' *(Cervus rufinus)* [233], el de que pueda significar 'maricón' [234], el de que valga para designar a la 'azada con dos ganchos' [235] o de que se utilice como sinónimo de 'niño,

---

dice así: «A la oriya de un río / berrea un *cabro* / como no le contestan / retuerce el rabo» (Cfr. «ser un *cabro* para berrear se aplica a la persona que canta muy mal», E. Peña, *Refr. zool.* [1961], núm. 248).

[229] María Moliner no hace sino copiar del *DRAE*, que en el *Suplemento* de 1970 quitó lo de anticuado.

[230] *Dicc. Costa Rica* [1893], s.v.

[231] *Voc. mexic.* [1894, impreso en 1899], s.v.

[232] Para no abrumar con fácil información, voy a aducir muy pocos testimonios: Malaret, *Voc. Puerto Rico* [1955], s.v.; Ortiz, *Afric. mús. folk.* [Cuba], p. 461; Batres, *Vicios leng. Guat.* [1892], p. 149; Valle, *Dicc. Nicar.* [1948], s.v.; Barreto, *Catál. voces Nicar.* [1901], p. 113; Castellón, *Dicc. Nicar.* [1939], s.v.; Membreño, *Hondureñismos* [1895], s.v.; Gagini, *vid.* nota 10; Di Filippo, *Lex. colom.* [1964], s.v.; Guerrero, *Dicc. Filol. Venez.* [1913], s.v.; Tobar, *Leng. rural Ecuador* [1961], s.v.; Segovia, *Dicc. Argent.* [1911], s.v.; Medina, *Chil.* [1928], s.v.

[233] Gagini, s.v., que aventura una explicación: «Se le llama *cabro* a causa de tener los cuernos rectos y sin ramificaciones.»

[234] Pino, *Jerga* [1968], s.v.

[235] Medina, *Chilen.* [1923], s.v. Cfr. *Atlas lingüísticos y diccionarios* («Lingüística española actual», IV, 1982, p. 289, § 60.2.4).

muchacho' en Ecuador, Bolivia y Chile [236]. Acepción ésta que vendría del carácter 'inquieto, travieso, saltón' de los arrapiezos, tal y como apuntan Mateus para el Ecuador e Yrarrázaval para Chile [237]. Frente a este mundo abigarrado, los pocos testimonios que poseo de la voz *cabro* en la literatura peninsular apenas son significativos: uno procede de Eugenio Noel en una novela que ya he citado, y en la cual el término parece tener un carácter totalmente libresco [238]; otro se repite mil veces en una obra de Miguel Delibes, que se desarrolla, precisamente, en Chile [239].

Si quisiéramos explicar el paso de la designación de un animal a cierta casta humana, una vez más tendríamos que recurrir a la comparación del color, pues el cruce de negro con mulata, hace que el matiz se aclare, virándose hacia rojizo, como tantas veces es el pelo de las cabras; pues resulta improcedente recurrir al significado actual que el color *cabro* tiene en Chile, 'piel manchada de blanco' [240], toda vez que blanco es, precisamente, el ingrediente menos perceptible en la mezcla.

* * *

---

[236] Mateus, *Prov. Ecuat.* [1933], s.v.; Fernández Nazario, *Dicc. boliv.* [1964], s.v.; C. Eguílaz, *Fórmulas de tratamiento en el español de Chile* (*BIFUChile*, XIV, pp. 196, 198, 202).

[237] *Chilenismos* [1945], p. 106.

[238] «Temeroso de topar con apominaciones sabáthicas y chivescas crápulas con huellas de asnejonazos, *cabros* y calloncas» (*Las siete Cucas* [1927], p. 218).

[239] Cuando los emigrantes llegan a Chile, son recibidos por unos parientes del país; la mujer, chilena, saluda a los viajeros diciéndoles que eran «dos *cabros* no más [...] Ni se qué se habrá querido decir la gili con eso de los *cabros*» (*Diario de un emigrante* [1958], p. 82), «Le pregunté si tenía familia y él que dos *cabros*. Ya le dije que también son formas de hablar estas de los chilenos y que los tíos, sin darse cuenta, sueltan cada pecado que se mea la perra» (*ib.*, p. 110). El cambio se recoge en Kany, *Semántica*, p. 70.

[240] Constantino Contreras, *Estudio lingüístico-folklórico de Chiloé: Mitos y actividades laborales rudimentarias* (*BIFUChile*, XVIII, p. 129).

calpamulato. adj. *Méj.* Hijo de zambaigo (3.ª acep.) y loba (3.ª acep.) [241]. // 2. *Méj.* Hijo de mulato e india [242]. // 3. Hijo de barcino e india [243]. // 4. Hijo de mulato y mestiza [244].

La voz falta en el *DRAE*, donde figura *calpamulo*, que debe ser un error, según veremos. No tengo documentación del término, a no ser en un texto de Eugenio Noel al que ya me he referido y que dudo —lo he dicho— de su valor como testimonio indiscutible [245]. Todas las muestras de la voz proceden de los cuadros de las castas o de los diccionarios que ya he aducido [246].

El no disponer de documentación literaria sobre ninguna de las formas que entran en este inventario *(calpamulato, calpamulo, calpán mulato, campamulato)* hace muy difícil orientar la investigación; sin embargo, en este mestizaje participan siempre los negros: *lobo* y *zambaigo* son, dejando aparte algún matiz, descendientes de indio y negra; *mulato*, el de 'blanco y negra'. Como en el *albarazado* se reflejan las gentes de color según muchos testimonios, y también hay participación de esa sangre en el *barcino*, habrá que pensar que en el *campamulato* el negro predomina más que en los otros dos casos. Ante estas referencias pienso si la forma original no sería *campa(r)* en la acepción de 'dominar, manifestarse' o algo parecido, con lo que el significado

---

[241] Blanchard I, p. 63, § 13 (segunda lista), y II, lám. XI, § 13; Rubio, *Mexic.* [1917], p. 178; Santamaría, s.v.; Pérez de Barradas, p. 236, § 73; Rosenblat, p. 169, § 2.13. *Vid.* también Moreno, p. 213, y *Cuadros*, p. 143 («denominación aplicada a aquellos productos de mezcla en que las características negroides eran predominantes»). En Woodbridge (p. 356), se incluye la voz, pero con error gráfico.

[242] Hoyos, *Lecc. Antrop.*, III, p. 314; León, 6. 38; Rosenblat, p. 171, § 6.8; Solano, p. 13; Woodbridge, p. 356.

[243] León, p. 45 (núm. 13); Santamaría, s.v.; Pérez de Barradas, p. 236, § 72; Woodbridge, p. 356.

[244] Santamaría, s.v.; Pérez de Barradas, p. 236, § 74; Woodbridge, p. 356.

[245] «Son muchos los que saben qué rara cosa es ser [...] *calpamulato*, que es el hijo de zambaigo con loba» (*Las siete Cucas* [1927], p. 262).

[246] En León (p. 22), figura como sinónimo de *campamulato*.

sería 'casta en la que sobresale el mulato'. Quedaría por explicar la *l* de *calpa*: hay que desechar *calpamulo*, que al parecer no ha existido (*vid.* la voz siguiente) y, entonces, las otras dos formas con *m...nm (campanmulato)* y *m...m (campamulato)* habrían podido disimilar sus nasales en *l...m* [247].

En el Museo de Méjico hay un lienzo, al que me he referido varias veces; en su casilla 14 el *calpamulato* está retratado como hombre de condición inferior, según denuncian su atuendo y sus pies descalzos [248]; mientras que, en otro cuadro del mismo lugar, es vendedor de quincalla [249].

* * *

calpamulo. *Méj.* Dícese del mestizo de albarazado y negra [250]. // 2. Hijo de zambaigo y loba [251].

Es voz que figura en el *DRAE* desde el Suplemento de 1899, y ya en todas las ediciones hasta la de 1970. De ahí pasó al *Dicci. Hist.* [1936] (sin autoridades, pues faltan en los ficheros académicos), al de Santamaría y al de María Moliner [1966]. Ya en 1917, D. Rubio en sus *Mexicanismos* escribió: «Según las clasificaciones mexicanas, esta palabra es *calpamulato* y no *calpamulo,* voz que con toda razón no registra la Academia en la edición décimotercia, y que ahora con toda falta de razón registra en la décimocuarta» (p. 182). Apoyándose en él, la rechazó Ma-

---

[247] He pensado en *capa+mulato,* pero habría que suponer la geminación de *p* (*capp), que no encuentro en otros casos.
[248] Blanchard II, lám. XI.
[249] León, p. 46 (núm. 14).
[250] En la *Fe de erratas* [1928], s.v. («Ac. persiste en el error») y en *Errores,* II [1936], p. 11. Juan E. Arcia hizo referencia a la palabra, en una nota que no añade nada nuevo y aun manifiesta algún error (*BAVenez,* IX, 1942, p. 28). También consta la voz en Woodbridge, p. 356.
[251] No tengo más definición que la del novelista Eugenio Noel en el texto que cito en la p. 70.

laret, y creo que habría que eliminarla, pues no aparece por ninguna parte.

* * *

calpán mulato. *Méj.* Cruce de zambo y mulata [252].

Vid. calpamulato.

* * *

cambujo. *Méj.* Dícese del descendiente de zambaigo y china [253]. // 2. *Méj.* Hijo de zambaigo e india [254]. // 3. *Méj.* Cruce de indio y negra [255]. // 4. *Méj.* Casta resultante de la unión de albarazado (3.ª acep.) y negra [256]. // 5. *Méj.* Cruce de albarazado con india [257]. // 6. *Méj.* Hijo de chino (4.ª acep.) e india [258]. // 7. *Méj.* Descendiente de lobo (1.ª acep.) e

---

[252] Herrera-Cícero [1895], p. 90; Riva Palacio, p. 472 b; León, p. 9; Pérez de Barradas, p. 236, § 69; Rosenblat, p. 177, § i. 9.

[253] *DRAE*, s.v. *Vid.* Moreno, p. 212, y Moreno, *Cuadros*, p. 142, donde no hay ninguna precisión; Woodbridge, p. 357.

[254] Blanchard, I, p. 62, § 10; Rubio, *Mexic.* [1917], p. 178; Rosenblat, p. 168, § 1.10.

[255] *DRAE* [1884], s.v., y le sigue Moliner [1966], s.v.; Rubio, *Mexic.* [1917], s.v.; León, p. 41; *ib.*, p. 55, núm. —; Pérez de Barradas, p. 235, § 48; *Dicc. Hist.* [1936], s.v.; Mieres-Miranda, *Dicc. Urug.* [1966], s.v.; Woodbridge (p. 356) documenta la voz también en el Río de la Plata.

[256] Herrera-Cícero. Cuadro del § 804; Riva Palacio, p. 472 b; Blanchard, I, p. 63, § 11 (segunda serie), y II, lám. XI, § 11; Rubio, *Mexic.* [1917], s.v.; León, p. 45 (núm. 11); Rosenblat, p. 169, § 2.11; *ib.*, p. 176, § h.11;; *ib.*, p. 177, § i.17; Malaret, *Errores*, s.v.; Santamaría [1942], s.v.; Pérez de Barradas, p. 236, § 71; Woodbridge, p. 356.

[257] Aranzadi, p. 1094 a; Pérez de Barradas, p. 236, § 71 bis, con autoridad en Cícero.

[258] Hamy, p. 103, núm. 10; Blanchard, I, p. 63, § 10 (tercera serie); León, lám. 5; *DRAE* [1927], s.v.; Pérez de Barradas, p. 275, § 55; Santamaría [1942], s.v.; Rosenblat, p. 170, § 4.10; *ib.*, p. 177, § j.5; Woodbridge, p. 356.

india [259]. // 7. *Méj.* Cruce de indio con chamizo [260]. // 9. Hijo de mulato y zambaiga [261]. // 10. Descendiente de zambaigo y china [262].

Se trata de una voz llevada a América por los españoles. Su origen remoto tal vez sea el latín c a p p a, de donde el mozárabe *qapûč* (cast. *capuz, capucho*), que debió significar 'mascarilla o velo para cubrir el rostro'. La -*p*- se identificó en algunos dialectos árabes con -*bb*- y el paso a -*mb*- es propio de las hablas magrebíes. Hasta aquí el *DCELC* (s.v. *cambuj*). Aunque hay documentación de que esta prenda podía ser blanca, pienso que los colores alternarían y aun cabría el dominio del negro, que permitió la traslación significativa. Porque, en efecto, con referencia a las caballerías menores, se da como equivalente de *morcillo* ('caballo de color negro con viso rojizo', *DRAE*, s.v.) [263] y, si este fue un valor anterior al de las castas americanas, lo que parece más que probable teniendo en cuenta el étimo de la voz, tendríamos que la aplicación americana hace referencia a un mestizaje en el que predomina el calor negro; el rojizo está representado por todas esas otras variedades en las que hay sangre india. De aquí ya no es difícil explicar significados como los de *cambujo*, que nos ocupa, o de 'ave que tiene negras la pluma y la carne' que, como mejicanismo, recoge el *DRAE* (ya en 1925), o de las gallinas que tienen la piel de ese color [264].

---

[259] León, p. 38; Pérez de Barradas, p. 235, § 52; Rosenblat, p. 171, § 6.11; Santamaría [1942], s.v.; Solano, p. 13; Woodbridge, p. 356.
[260] Blanchard, I, p. 63, § 10 (tercera serie).
[261] Virey, II, p. 130; Aranzadi, p. 1094 b; Pérez de Barradas, p. 236, § 70; Rosenblat, p. 176, § f. 4.º grado, 17; Santamaría [1942], s.v.
[262] *DRAE* [1899], *Suplemento*, s.v.; *Dic. Hist.* [1936], s.v.; Rubio, *Mexic.* [1917], s.v. (2.ª acep.).
[263] Creo que proceden del *DRAE* las definiciones de los *Dicc. ecuestres* del Duque de Regla o de Rincón Gallardo.
[264] León, p. 21; Santamaría, s.v.; Morínigo, *Dicc. Am.* [1966], s.v. Blanchard dio una acepción que no veo recogida después: «Au Mexique,

Una vez que se produjo la mezcla de sangres a que el continuo mestizaje dio lugar, se perdió también la conciencia del significado preciso de la voz, y así hoy puede decirse de 'cualquier persona de color muy moreno' [265] o de 'tez oscura' [266]. Según el testimonio de Rubio (*Méxic.*, pp. 182-183), se usaba muy poco y con carácter despectivo; e incluso añadía el gran Melchor Ocampo, que escribió esto: «aplicado [*cambujo*] antes al hijo de negro y mulata o de mulato y negra; era la casta más despreciada». En efecto, la iconografía nos presenta al cambujo semidesnudo, con camisa y pantalón desgarrado y transportando una gran batea con panes [267]; también son mejicanas las pinturas que se reproducen en *Pint. Colon.*: una de ellas, debida a Miguel Cabrera, muestra una gran idealización y belleza, mientras que otra, anónima, hace ver a un cambujo de tez muy oscura, cargado como azacán, y su hijo con una camisa hecha jirones [268]. El *cambujo* que publicó Blanchard, II (lám. XI), es vendedor de zapatos y su condición parece intermedia entre los extremos que acabo de describir [269].

No creo que tenga razón Malaret al decir que la «Ac. sigue en el error» [270]. Hemos visto que la terminología es imprecisa y deslizante, como consecuencia de mil cruces que favorecieron siempre la inestabilidad de las definiciones, hasta que se borraron unos

---

on dit actuellement d'un poulet qu'il est *cambujo*, quand il a les pattes rouge brunâtre» (II, p. 53, nota).

[265] Rubio, *Mexic.* [1917], s.v.; Santamaría [1942], s.v. Más o menos es lo que ocurre en Kany, *Semántica* (p. 45): «se aplica a las personas de color atezado».

[266] Malaret, *Supl.* [1942], s.v.

[267] Rosenblat, ilustrazión núm. 11 entre las pp. 168-169 (*albarazado*$\times$ *negra*). La condición social parece, pues, coincidir con la del *zambayo* de Blanchard II (*vid.* esta voz).

[268] Tampién en Hamy (p. 104, núm. 11) en otros lienzos se hace caminar al cambujo rasgueando la guitarra (Blanchard II, lám. XI, § 12) o vendiendo estos instrumentos (León, p. 45, núm. 12).

[269] Láms. 7 *(negro*$\times$*india)* y 59 *(chino*$\times$*india)*.

[270] *Fe erratas* [1928], s.v.

límites claros. En tal sentido, la documentación literaria de la voz demuestra que sólo persiste la idea de 'tez oscura' y, acaso, cierto carácter despectivo en el contenido de la palabra [271]. Claro que no todo han de ser imágenes negativas, cuando Mieres-Miranda necesita dignificar la historia uruguaya, recurre a cierta retórica que es fácilmente comprensible: «formando con los mestizos, negros y *cambujos* esa mezcla caprichosa de 'piel de tigre' que en los grandes años de valor heroico se fundió en la masa de que había de surgir un pueblo nuevo» [272].

En los gráficos muy simplificados de León (núm. 5), el *cambujo* tiene 62,50 % de sangre india y 37,50 % de negra.

* * *

campamulato. Cruce de barcino (3.ª acep.) e india [273]. // *Méj.* Hijo de mestiza y mulato [274].

El tipo humano del *campamulato* está recogido en un lienzo mejicano de autor desconocido; si lo aduzco aquí es porque de él hay una buena reproducción en *Pint. Colonial*. El albarazado de la lámina 62 muestra unos tipos muy populares, pero la condición social del *campamulato* no mejora, antes bien ha empeorado con la desnudez del hombre. Son vendedores de hortalizas

---

[271] Lo habían señalado Herrera-Cícero, p. 90. Cfr.: «La zagala se turba y empina [...] / Y alocada en la fiebre del celo; / lanza un grito de gusto y de anhelo... / ¡Un *cambujo* patán se avecina!» (Díaz Mirón [1906], apud. F. de Onís, *Antología*, p. 64), «no existe mulata ni mulato, zambo ni *cambujo* en todo el sotavento» (Palacios, *Paisajes* [1916], p. 118), «las jóvenes *cambujas*» (C. Fuentes, *Artemio Cruz* [1968], p. 288). *Vid.*, también, el texto de Noel que he copiado en la p. 70.

[272] *Dicc. Urug.* [1966], s.v.

[273] Hamy, p. 106, núm. 14; Blanchard I, p. 63, § 14 (tercera serie); León, lám. 6; Aranzadi, p. 1094 a; Rosenblat, p. 170, § 4.14; *ib.*, p. 177, § j.6; *Pint. colonial*, lám. 63.

[274] Heger, p. 462, § 15; Rosenblat, § 5.15.

que exhiben sobre dos grandes banastas o tienen amarradas en un fajo que hay en el suelo.

En la gráfica 6 de León, el *campamulato* tiene 6,25 % de sangre blanca, 85,15 % de india y 8,60 % de negra.

Vid. calpamulato y *calpán mulato.*

* * *

castizo. *Méj.* y *P. Rico.* Cuarterón, nacido en América de español y mestiza [275]. // 2. *Méj.* Cuarterón de español y mulata [276]. // =**cuatralbo.** *Méj.* Hijo de blanco y mestiza [277].

Corominas ha hecho graves reservas a las etimologías dadas para explicar la voz, y se inclina, como verosímil, por un gótico *k a s t s 'grupo de animales, nidades de pájaros' (*DCELC,* s.v. *casta*). Lo que resulta evidente es que el término procede del vocabulario ganadero, pues el primitivo *casta* significa de modo general 'linaje' (desde don Enrique de Villena, 1417); y de ahí, de 'buena raza'. Este valor es el que se recoge ya en la *Comedia Florisea* [1551], de Avendaño [278], con referencia al tópico que se generalizó: *caballo castizo* 'caballo de buena raza', según se lee

---

[275] *Avisos* [post. 1766], apud *Conc. I,* p. 390; *DRAE,* s.v.; Terreros, *Dicc.,* s.v.; Herrera-Cícero, p. 88; Blanchard I, p. 62, y II, lám. XI, § 2; Heger, p. 462, § 2; Riva Palacio, p. 472 a; León, lám. 7; *ib.,* p. 38; *im.,* p. 40; *ib.,* p. 43; *ib.,* p. 49, núm. 2; *ib.,* p. 58; Rosenblat, p. 171, § 6.13; *ib.,* p. 172, § 8.5; *ib.,* § 9.2; *ib.,* p. 177, § j.7; Rubio, *Mexic.* [1917], pp. 178-179; Pérez de Barradas [1948], p. 232; Morínigo [1966], s.v.; Solano, p. 13; Moreno, p. 210; Moreno, *Cuadros,* p. 139; Woodbridge, p. 357. Varey (II, 129) se equivocó al considerar el cruce de blanco con *chino* como si éste fuera «Métis indien asiatique»; en la misma página dijo bien: blanco y mestizo americano.

[276] Herrera-Cícero [1895], p. 88.

[277] León, lám. 8, pero su definición no es coherente: para él, *castizo* procede de mestizo×blanca y *castizo cuatralbo* de blanco×mestiza, y esto hace variar la naturaleza del cruce, por cuanto el primero tiene 75 % de sangre blanca y 25 % de india, mientras que, en el segundo, el 25 % corresponde a la sangre negra. Para Pérez de Barradas, «cruce de español con castiza» (p. 232). La voz consta en Woodbridge, p. 357.

[278] NBAAE, p. 307 b.

de manera clara en la *Vida de Marco Aurelio* [1529] de fray Antonio de Guevara [279] y dura hasta hoy [280]. Menor difusión tiene el término referido a perros o neblíes [281]. Parece, pues, claro que el término *castizo* quería decir 'de buena raza', se refería a animales [282] y, desde el valor genérico, pasó a otros específicos entre los cuales sobresalieron las connotaciones referidas al caballo.

También puede inferirse que el valor de 'incontaminado' es posterior y deriva del ya considerado de 'buena raza'; previsiblemente aquí ha debido actuar la etimología popular haciendo de 'raza' > 'buena raza', un 'incontaminado', que evoca el sentido de *casto*. De cualquier modo, lo que consta desde antiguo en los valores de *castizo* es la idea de 'limpieza' frente a la de 'mezcla' [283], bástenos el testimonio del *Guzmán de Alfarache* o, dando un gran salto en el tiempo, el de Bretón de los Herreros [284]. Y así creo

---

[279] «De *caballos castizos* suelen salir potros indómitos y rijosos» (edic. 1685, p. 105 a): *potro castizo* en Antonio Pérez (*Cartas*, BAAEE, XIII, p. 506 b), y en Fernández Andrade, *Yeguas castizas*. (*Maestro de la caballería* [1616], f. 9 v), mientras que *caballo castizo* se documenta en Las Casas (NBAAEE, XIII, p. 526 b), fray Luis de Granada (*Int. Símb. Fe* [1585], p. 106 b), P. Juan de Mariana (*Hist. Esp.*, edic. 1601, I, p. 534), Martínez de Espinar ([1644], I, p. 17), Franciosini (*Vocab. esp.-it.* [1620], s.v.), Gración, etc.

[280] Hidalgo Terrón, *Equitación* [edic. 1880], I, p. 265; Duque de Regla, *Dicc. ecuestre* [1945], s.v.

[281] Fray Luis de Granada [1585], *Intr. Simb. Fe*, I, p. 108 b; Inca Garcilaso [edic. 1609], f. 242 v; Ovalle, *Hist. Chile* [1646], f. 51 b; Ruiz de Alarcón, *Comedias* (BAAEE, XX, p. 203 c).

[282] Así ya en el *Voc. aymara*, de Bertonio [1612], f. 121 b. En asturiano actual, 'dícese del ganado de buena raza' (Ridríguez Castellanos, *Bable occ.*, s.v.).

[283] Para la valoración lingüística del término, vid. José Mondéjar, «*Advenedizo*» frente a «*castizo*» *(Los italianismos en la lengua literaria del siglo XVI)*, en «Serta Philologica F. Lázaro Carreter», Madrid, 1983, t. I, pp. 413-439.

[284] «Cual si [...] no se hubiessen visto caballos *arjeles* [= 'caballo que sólo tiene blanco el pie derecho'], hijos de otros muy *castizos*» (1604, f. 26 v); «En este pueblo mestizo, / ¿Quién es ya español *castizo*?» (Bretón, *Poesías* [1883-84], V, p. 210).

que se explican los *castizos* americanos referidos a un cruce de grupos étnicos: el predominio de una sangre hizo volver el color de la tez hacia una relativa limpieza (relativa, claro, si se compara con otros cruces), en la que la sangre europea significaba el 75 % y la india sólo una cuarta parte; con lo que vino a igualarse *castizo* con *cuarterón* [285]. En otros casos, parece que ha dominado, simplemente, la idea de 'mestizo' [286]. El *castizo* gozaba de consideración social (si se casaba con mujer blanca, los hijos eran ya *españoles*): en una representación mejicana, ceñía espada [287], en otras vestía con riqueza [288] y manifestaba un elevado refinamiento cultural [289]. En los *Avisos* que una y otra vez he citado, los *castizos* «están declarados por limpios» (*Conc. I*, p. 390). Por eso en el § X (p. 394) de tales *Avisos* se recomienda que «cuiden los padres de familias de casar sus hijos con los puros indios o con españoles y *castizos*, si pudiesen, y no se confundan con tanta variedad de castas que perturban la paz de sus pueblos y también es causa de que pierdan sus privilegios en los tribunales».

En el *DRAE*, desde 1899, cuando menos, *castizo* es equivalente de *cuarterón*, pero debiera añadirse que es término anticuado [290], para obviar las repulsas, unas veces justas, otras no, de Malaret [291]. Los diccionaristas antiguos, a partir de 1706, aceptaron *castizo* como 'hijo de mestizo y mestiza' [292]. Otros cambios semánticos (p. ej., en Extremadura, 'un pez de río') no interesan ahora.

* * *

---

[285] Rubio, *Mexic.* [1917], p. 176; Santamaría [1942], s.v. *castizo*.
[286] En Cuba y P. Rico, 'gallo hijo de inglés y gallina de la tierra'.
[287] Rosenblat, lám. 3 entre las pp. 168-169. También en León, p. 43 (núm. 3).
[288] *Pint. col.*, lám. 6, 26, 48.
[289] Y al traje cortesano hay que añadir que ama la música y tañe el violín (*ib.*, p. 52).
[290] Rubio, *Mexic.*, p. 183.
[291] *Fe erratas* [1928], s.v.; *Errores* [1936], II, p. 13.
[292] Stevens, s.v.

coyote. *Méj.* Dícese del hijo de barcino y mulata [293]. // 2. *Méj.* Cruce de español e india, mestizo [294]. // 3. *Méj.* Hijo de mestizo e india [295]. // 4. Hijo de cuarterón (2.ª acep.) y mestiza [296]. // =**mestizo.** *Mej.* Dícese del hijo de chamizo y mestiza [297]. // *Méj.* Cruce de indio y coyote [298]. // *Méj.* Dícese del cruce de mulato y chamizo [299].

El conocido nahuatlismo c o y o t l [300] ha servido para una designación no escasa en matices, basados en el color del animal, David J. Guzmán dice que es de color gris o pardo oscuro [301] y García Icazbalceta, que tiene «piel de color gris amarillento» [302]. Son estos caracteres los que se trasladan a otros motivos, como llamar *coyote* a un árbol montañoso que da flores amarillas [303],

[293] Woodbridge, p. 357.
[294] Blanchard I, p. 62, § 13; León, 6. 56, núm. 13; Pérez de Barradas, p. 236, § 76; Rosenblat, p. 168, § 1.13; Moreno, p. 113. La voz, sin definición, consta en *Avisos* (p. 390).
[295] Herrera-Cícero, p. 88; Blanchard I, p. 63, § 15 (tercera enumeración); Alzate, según León, p. 22; Riva Palacio, p. 472 *a;* Rosenblat, p. 176, § h. 1; Woodbridge, p. 357; Moreno, *Cuadros,* p. 142; Cobo, *Hist. Nuevo Mundo,* edic. Sevilla, 1890-1893, II, p. 336.
[296] Herrera-Cícero, p. 88; Hamy, p. 106, núm. 15; Aranzadi, p. 1094 b; León, lám. 9; *ib.*, p. 40; *ib.*, p. 41; Pérez de Barradas, p. 233; Rosenblat, p. 170, § 3.15; *ib.*, § 4.15; *ib.*, p. 175, § f. 7; *ib.*, p. 177, § j. 9; Rubio, *Mexic.*, p. 179; Woodbridge, p. 397; Friederici, s.v.
[297] Virey II, p. 130; Hoyos, *Lecc. Antrop.*, III [1900], p. 314; León, p. 39; Pérez de Barradas, p. 236, § 75; Rosenblat, p. 171, § 6.14; *ib.*, p. 17, § f. 4.º grado, 15; Soriano, p. 13; Woodbridge, p. 357.
[298] Blanchard I, p. 62, § 15; León, p. 22 y lám. 10; *ip.*, p. 57, núm. 15; Rosenblat, p. 177, § j. 10.
[299] Pérez de Barradas, p. 233, § 75 (5.º), idem, p. 236, § 77.
[300] Barberena interpretó así la voz: *co* en los compuestos significa 'todo lo que sirve a un animal para comer y tragar; es decir, la lengua' y *yot* verbo que vale tanto como «poner lo de adentro a afuera»; así pues el *coyote* es el 'animal que lleva la lengua de fuera o colgando' (*Quicheismos* [1894], p. 13). Cfr. documentación en Friederici, s.v.
[301] Apud Batres, *Vicios leng. Guatem.* [1892], p. 191.
[302] *Voc. mexic.*, s.v.; Santamaría [1942] copia esta información, s.v.
[303] Buitrago, *Voc. pinolerismos* [1936], s.v.

pero siempre habrá que pensar en el subjetivismo con que se aprecian los colores; por eso creo que la justeza está de parte de aquellos autores que compararon al *coyote* con otros cánidos españoles, y en tal caso se encuentra Vázquez Espinosa que en el *Compendio de las Indias Occidentales* [1629] dice que «ay [...] leones, onças, gatos pintados, adives, que son lobos, *coyotes*, que es lo mismo»; «ay lobos que llaman *coyotes*, en todo parecidos a los de España» [304]. Por eso decir que «se aplica al color semejante al del animal de este nombre» [305] es dejarnos con unas indecisiones de las que se han hecho cargo otros autores; así García Icazbalceta al definir como 'color que se califica de semejante al de ese animal', no puede por menos que apostillar, «aunque en realidad no lo sea mucho, pues tira más a café que el del original» [306]. De cualquier modo, el color virado a gris o castaño de la piel, hizo que a estos mestizos se les denominara *coyotes* [307].

La condición social del cruce no tenía gran dignidad, habida cuenta la de sus progenitores, véase, por ejemplo, la lámina 64 del libro *Pint. colonial,* al que ya nos hemos referido en varias ocasiones, o la estampa —muy linda por lo demás— de la *coyota* cargando bateas de fruta a su marido *(indio)* [308]. No es excepcional que en estos cuadros de mestizaje aparezca alguna escena violenta. Ahora nos encontramos ante una de ellas: el *coyote*

---

[304] Edición de 1948, pp. 194 y 211, respectivamente.
[305] Morínigo [1966], s.v. Tampoco es muy afinada la definición de Kany, *Semántica*, p. 32.
[306] *Vox. mex.* [1981, edic. 1899), s.v.
[307] Icazbalceta rechazó que *coyote* fuera «voz genérica que se da a las producciones de la tierra, o sea del país en Nueva España, como indio coyote, lobo coyote, cidra coyote», según indicó Alcedo, *Voc. voces Amer.* [1789] y le siguió Salvá; sin embargo, Santamaría [1942] volvió a ello («maíz *coyote*») y aún añadió que es, también, el 'criollo o hijo de europeo'. En el *Lazarillo* de Concolorcorvo [1773] hay un texto que acaso perdiera ambigüedad si se pensara en que los *indios coyotes* son 'indios de la tierra': «inútiles para el cultivo de los campos y obrajes, por la abundancia de *indios coyotes* y mestizos» (edic. 1946, p. 205).
[308] Blanchard II lám. XIV, León, p. 56, núm. 13.

mestizo (Blanchard II, lám. XV) que contemplaba tiernamente al padre cargado, en el cuadro siguinete de la serie está semidesnudo, mientras una mestiza le ha hecho perder el sombrero y, mesándole del pelo, le propina una despiadada paliza. La enérgica mujer no es impedida ni por el *ahitestás* que, como las indias, lleva prendido con un sarape a la espalda [309].

Los esquemas de León señalan que el *coyete* tiene 25 % de sangre blanca y 75 % de india (lám. 9), mientras que el *coyote mestizo* presenta 36,30 % de blanca, 52,70 % de india y 11 % de negra (lám. 10).

* * *

criollo. Americano descendiente de europeos [310]. // 2. Negro nacido en América, por oposición al que ha sido traído de Africa [311]. // 3. *Perú.* Cruce de europeo con mestizo [312]. // 4. *Perú.* Mulato [313]. //. 5. =**mestizo.** *Perú.* Descendiente de blanco y amarillo [314]. //. 6. =**rellollo.** *Cuba.* Criollo de varias generaciones de ascendientes nacidos en Cuba [315].

Diversas etimologías se han propuesto para la palabra; unas absurdas, otras de carácter distinto, pero fácilmente relacionables, Monner y Sans [316] la creyó americanismo por unos versos de Tirso

---

[309] Blanchard II, lám. XVI.
[310] *DRAE*, s.v.; Alamán [1849], p. 14; Herrera-Cícero, p. 87; Riva Palacio, p. 472 a; Rosenblat, p. 177, § i. 1; Friederici, s.v., § 2; Korth [1968], p. 297; Calderón, pp. 32-34.
[311] *DRAE*, s.v.; *Pichardo Novísimo* [1953], s.v.; Friederici, s.v., con testimonios de Juan de Ulloa y otros posteriores.
[312] Rosenblat, p. 175, § e. 2. Según Humboldt este cruce «apenas se distingue de la raza europea» (libro II, cap. VII, p. 90 a).
[313] Santamaría [1942], s.v.
[314] Santamaría [1942], s.v.
[315] Ortiz, *Glos. afron.* [1924], s.v.
[316] Citado por Ortiz, *vid.* nota anterior.

de Molina, que no autorizan a tal cosa [317]; F. de P. Rodríguez, lo hace proceder del español *criadillo*, sin explicar motivos semánticos ni evoluciones fonéticas [318]; F. Ortiz propone un absurdo semejante: ya que jergalmente *crioja* es 'carne', «¿no es posible imaginar un vocablo jergal análogo, *criojo*, trocado después por la suavización fonética americana, en *crioyo* o *criollo*?» [319]. Es tan absurdo todo que no merece mayor demora.

El Inca Garcilaso dio una precisa referencia que, creo, merece la pena considerar. «Los negros llaman *criollos* a los hijos de español y española» [320]. Para mí esto no significa que el Inca pretendiera hacer africana la palabra *criollo* [321], sino que la escuchaba de boca de esclavos negros, que es cosa muy distinta, y que nos ponía en el camino de la verdad [322]. Bien sabido es que el tráfico de esclavos estaba en manos de portugueses [323] y que portugués era la primera lengua occidental con la que entraban en contacto. Que los negros aprendieran —mejor o peor— el portugués en las estancias y luego reacomodaran su lengua al es-

---

[317] En la *Villana de Vallecas* (BAAEE, V, p. 620) un personaje dice: «*Criollo* soy de Méjico, que es nombre / que dan las Indias al que en ellas nace». Simplemente, 'soy nacido en Méjico' o, cuando más, 'soy hijo de españoles, pero nacido en Méjico'.
[318] *Sociología cubana*, p. 65, apud Ortiz, *loc. cit.*
[319] *Op. cit* [1924], s.v.
[320] *Florida* [1605], f. 53 r, *a*.
[321] Ni siquiera una referencia de Corominas me parece que sea inequívoca; cuando el Inca dice «es nombre que inventaron los negros y así lo muestra la obra. Quiere decir entre los negros, *nascidos en Indias*», ese *inventar* no es sino manifestación de una ignorancia por parte del escritor: lo usaban los negros y los blancos, no; por eso, para el hablante de español, sonaba a invento nuevo aquello que les era ajeno. Por lo demás, lo sabemos hoy, la acepción 'nascido en Indias' no es otra cosa que un paralelo del uso portugués de 'nacido y criado en la casa del señor'.
[322] Fray Pedro Simón, *Noticias Indias Occ.* [1627], dice que «*criollo*, es vocablo de negros, y quiere dezir, persona nacida en la tierra, y no venida de otra parte» f. 701 *b*). Me parece que la información procede de Garcilaso el Inca, y las explicaciones valdrán para los dos.
[323] *Vid.* p. 78.

pañol, nada tiene de extraño y es un hecho bien sabido: así nacieron algunas de las lenguas criollas [324], y los investigadores están concordes [325]. Aceptado el lusismo de la voz, el resto de las cuestiones que plantea se puede seguir en el valioso artículo del *DCELC*, de Corominas.

Para un análisis pormenorizado de la voz y su historia, hay un excelente trabajo de José Juan Arrom [326]. En líneas generales es como sigue:

1. *criollo* es hijo de españoles nacido en las Indias y en Juan López de Velasco (1571-1574) la voz tenía ya esta acepción. Documentos cubanos y mejicanos [327].

2. La etimología que se propone es *criadoiro*, aunque los malabarismos fonéticos que hizo Cornu no traigan la convicción a nuestro ánimo.

3. Entre 1616 y 1706 la palabra —castellanizada ya— pasó del español a todas las lenguas europeas: francés (1616), italiano (1620), etc.

4. La nueva acepción, 'hijo de español e india' se encuentra en 1617 en el diccionario del inglés Mishev.

5. Por 1608, *criollo* era el nacido en la tierra, con independencia del color de su piel. Y ésta pasaría a ser una determinación fundamental.

6. A raíz de la independencia, *criollo* dejó de ser un término general (='americano') para convertirse en una suma de particularismos (='argentino, colombiano, cubano, etc.'). Y de ahí, 'lo nacional, lo autóctono'.

7. Como resultado último: «los criollos somos los que, sea cual sea el color de nuestra piel, nos hemos criado de este lado

---

[324] Cfr. Torres Villarroel: «respondióle en un idioma *criollo*, lenguage mestizo de español y lusitano» (*Sueños morales*, apud *Obras*, Madrid, 1974, t. X, p. 211).

[325] En Méjico la voz se convirtió en insulto (Alamán [1849], p. 14).

[326] *Certidumbre de América*, La Habana, 1959, pp. 9-26.

[327] Tal valor tenía ya en el *Conc. III*, p. 10 (referencia a la p. 116).

del charco y hablamos y pensamos en español con sutiles matices americanos» [328].

La 1.ª acepción que consta en la entrada de esta voz es prioritaria en la documentación española, aunque, posiblemente, no sea la primera en la historia. El P. Acosta y el Inca Garcilaso [1609] son muy claros: «dezian algunos *criollos* como allá llaman a los nacidos de españoles en Indias» [329]; «A los hijos, de español y de española nascidos allá dizen *criollo* o *criolla,* por dezir que son nascidos en Yndias» [330]. Esta acepción se continuó tanto entre los diccionaristas [331] como entre los escritores [332] y la Academia la sancionó desde 1780 hasta 1884 en que dio cabida a un nuevo valor, sin renunciar a éste[333].

La 2.ª de las acepciones que doy en el enunciado es la más próxima al portugués ('hijo de negros nacido en Brasil') y en la literatura se documenta desde 1646, cuando menos; Ovalle en su *Historia de Chile* escribió: «son estos [los negros africanos]

---

[328] *Ibidem,* p. 26.

[329] *Hist. Nat. Indias* [1591], f. 167 *v.*

[330] *Coment. Reales,* f. 255. En un interrogatorio del s. XVI: «de los españoles [...] quántos son *criollos* y quántos nacidos en España» (*Codoin Amér.,* IX, 1868, p. 64). El doctor Diego de Cisneros en el *Sitio, naturaleza y propiedades de la ciudad de México* [1618] explicaba: «Los españoles que habitan en esta ciudad [...] son los que vulgarmente se llaman *criollos»* (f. 112).

[331] Oudin [1616], Franciosini [1620], Sobrino [1705], apud *Tesoro lexicográfico,* de Gili Gaya, s.v.

[332] «Son hijos, nietos y biznietos de *criollos* (nombre que damos comúnmente a los españoles nacidos en Indias)» (*Hist. Nuevo Mundo,* edic. 1890, III, p. 16), «Los *criollos* o hijos de españoles, que nacen en la América» (Feijoo, *Teatro crítico* [1730], IV, p. 110), «no sucede con los hechizos de las españolas, que llaman *criollas»* (Sarmiento, *Demonstración del «Teatro» de Feijoo* [1715], II, p. 99), «Tiene usted el tipo acabado de una *criolla.* Usted es española, pero no es de España» (Ganivet, *Trabajos Pío Cid* [1898], p. 83), «Son los hijos de los hidalgos conquistadores, los *criollos,* los españoles nacidos en América» (Zorrilla San Martín [1916], p. 271), etc.

[333] En Filipinas nunca se usó *criollo,* sino *españolfilipino* (Retana, *Dicc. filip.,* s.v.).

tan incapaces (no hablo de los *negros criollos,* ni de los ya ladinos, porque estos son de tanta capacidad como los mesmos españoles, sino de los boçales), que no parecen hombres sino bestias» [334]. La documentación de este significado no escasea, aunque, al parecer, no abunda tanto como la anterior, por más que en los diccionarios sea, también, antigua: Mishev [1617], Stevens [1706], *DRAE* (desde 1884) [335].

Evidentemente en ambos valores está explícita la idea de 'haber nacido en la tierra'; después, la acepción se aplicó a cualquier cosa (hombre, animal, planta) de América [336] y este valor (en el *DRAE,* desde el *Suplemento* de 1899) generó otros, como el de oriundo [337], especialmente americano [338], sencillo o a la manera del país y una variada fraseología que no es este el momento de estudiar.

También las acepciones que tienen que ver con el mestizaje racial, cuentan con antigua documentación. Así en los *Avisos* de Barrionuevo[1654] («fraile agustino que fue *criollo* ingerto en indio») [339] y el célebre Clavijo y Fajardo en su importantísima

---

[334] Folio 345 *b.*

[335] A finales del siglo XIX no solía usarse en el español de Méjico (Herrera-Cícero, p. 87).

[336] Cfr.: «Tal vez la caoba, el más *criollo* de los árboles del país, sea el único que conoce las cuatro estaciones del año» (*La República Dominicana,* fotografía de Pier Giorfio Eclarandis, texto de Franck Moya Pons, comentarios a la fotografía núm. 22).

[337] Cfr.: «Christoual Colombo [...] cauallero *criollo* de la ciudad de Genoua» (Simón, *Noticias India Occ.* [1627], p. 44 *a*), «Ah gaucho» —me respondió—: / «¿De qué pago será crioyo?» (*Martín Fierro* [1872], edic. 1924, p. 62 y otras veces), «Cuando Jusúa marcaba los terrenos de sus vacadas [...] daba una fiesta de dos semanas a todos los *criollos* [='nativos'] de aquellos lugares» (Hugo Wast, *Casa de los cuervos* [1916], p. 37), «sería un movimiento *criollo,* gaucho, sin gringos» (M. Gálvez, *Tiempo odio* [1949], edic. 1951, p. 27).

[338] En 1816, en Perú *criollo* era 'hijo del país' (*BAP,* X, 1975, p. 17); «aunque es *criolla,* se entiende con los españoles» (Delibes, *Diario emigr.* [1958], p. 34).

[339] «Escrit. Cast.», XCV, p. 148.

traducción de la *Historia Natural* de Buffon había escrito: «Negros de Africa, mulatos, mestizos y *criollos*: en una palabra, hombres de todas las graduaciones de color que caben entre el blanco y el negro»[340].

Queda, por último, estudiar la persistencia de algunas de las acepciones que he citado, pues, según los países persisten como motivo arqueológico o con plena vitalidad, pero esto cae fuera de los límites del presente estudio [341].

* * *

cuarterón. Nacido en América de blanco y mestiza. Díjose así por tener un cuarto de indio y tres de español [342]. // 2. Hijo de mulato y mestiza [343]. // 3. *Méj., Colom., Cuba, P. Rico.* Cruce de blanco con mulata [344]. // 4. *Méj.* Casta de blanco con

---

[340] Madrid, 1785, t. V, p. 137. Cfr.: «Dan el nombre de *criollos* indistintamente a todos los nacidos en la isla [de P. Rico] de cualquiera casta o mezcla de que provengan» (cita del historiador Abad Lasierra [1788] aducida por Malaret, *Dicc. Puerto Rico* [1955], s.v.). Cfr. las notas, tan importantes, de Rosenblat, pp. 141-145.

[341] Herrera y Cícero apuntaron con justeza: «[los *criollos*] no eran mestizos; pero en la política de la colonia se les colocaba entre las castas» (p. 87, nota 1); idéntica observación en Riva Palacio (p. 472 *a*). Cuestiones generales de «criollización »pueden verse en Antón, pp. 372-373. Cfr. el reciente estudio [1982] en Matthias Perl, *Crioulo/criollo* («Islas», fascículo 73, pp. 167-178).

[342] *DRAE*, s.v.; García Icazbalceta, *Dicc. mex.* [1894], s.v.; Malaret, *Supl.* [1942], s.v.; Santamaría [1942], s.v.; Rosenblat, p. 174, § p.2; Morínigo, *Dicc. Amer.* [1966], s.v.; Woodbridge, p. 357. La voz no es definida en *Avisos* (p. 390).

[343] Hoyos, *Lecc. Antrop.* [1900], p. 314; León, p. 38; Pérez de Barrandas, p. 236, § 78; Rosenblat, p. 171, § 6.13; Woodbridge, p. 357; Solano, p. 13.

[344] Humboldt, p. 90 *a*; Varey II, p. 129; García Icazbalceta, *Dicc. mex.* [1894], s.v.; Herrera-Cícero [1895], p. 88; León, p. 22; Rosenblat, p. 174, § b.8; *ib.*, p. 175, § e.4; *ib.*, p. 176, § g.4; *Pichardo novísimo* [1953], s.v.; Malaret, *Dic. P. Rico* [1955], s.v.; Morínigo, *Dicc. amer.* [1966], s.v.; Woodbridge, p. 357; Moliner [1966], s.v.

tercerona [345]. // =**cuatralbo.** *Méj.* como *tercerón* [346]. // =**de china.** *Méj., Perú.* Hijo de español y china (4.ª acep.) [347]. // =**mestizo.** *Méj., Perú, Venez.* Cruce de español y mestiza, español [348]. // *Méj.* Cruce de español y castiza [349]. // =**de mulata.** *Méj., Perú.* Hijo de español y mulata [350]. // =**de saltatrás.** Hijo de negro y tercerona [351].

Creo que fue el Inca Garcilaso quien definió los caracteres del *cuarterón* en un pasaje de la *Historia de la Florida* [1605]: «Llaman assi mismo *quarteron*, o quatratuo al que tiene cuarta parte de indio, como es el hijo de español y de mestiza, o de mestizo y española» (f. 53 r, *b*). La documentación de la voz no es escasa, pero habitualmente se ofrece sin ninguna explicación, como elemento del que se sabe el significado, y así desde el siglo XVII [352] hasta hoy mismo [353]. Sólo de vez en cuando aparece

---

[345] Varey, II, p. 129; León, lám. 11; Rosenblat, p. 174, § c.3; *ib.*, p. 175, § f. tercer grado, 12; *ib.*, p. 178, § j.11; Woodbridge, p. 357.

[346] León, p. 26 y lám. 49; Pérez de Barradas, p. 234, § 29; Rosenblat, p. 178, § j.49.

[347] León, lám. 12 y p. 22; *ib.*, p. 34; Aranzadi, p. 1093 a; Santamaría [1942], s.v.; Pérez de Barradas, p. 236, § 79; Rosenblat, p. 178, § j.12; Woodbridge, p. 357.

[348] León, lám. 12 y p. 22; *ib.*, p. 39; Aranzadi, p. 1093 a; Santamaría [1942], s.v.; Rosenblat, p. 171, § 7.5; *ib.*, p. 178, § j.13; Woodbridge, p. 357.

[349] Pérez de Barradas, p. 233, § 8.

[350] León, lám. 14 y p. 22; *ib.*, p. 39; Aranzadi, p. 1092 b; Pérez de Barradas, p. 233; Santamaría [1942], s.v.; Rosenblat, p. 171, § 7.11; *ib.*, p. 178, § j.14; Woodbridge, p. 357. Para este autor (*loc. cit.*) es también cruce de cambujo y china.

[351] Varey, § 22, 4.º grado; Aranzadi, p. 1094 b; Santamaría [1942], s.v.; Woodbridge, p. 357.

[352] «Esto es solo de los que residen en ella, en que entran también mestizos y *quarterones*» (Vázquez Espinosa, *Comp. Indias occ.* [1629], edic. 1948, p. 605).

[353] El peruano Seguro, *Poesías* [1875], edic. 1885, p. 90; Montalvo, *Siete trats.*, I [1682], p. 93; Palma, *Ropa Vieja* [1883-1889], p. 54; Opligado, *Trad. arg.* [1903], p. 135; Palacios, *Paisajes* [México, 1914, edic.

una aclaración etimológica, por lo demás de obvia explicación [354], o alguna referencia a los caracteres raciales del tipo humano: «por haber algunos mestizos y *cuarterones* muy blancos» [355]. «De un negro y una blanca proviene el *quarteron*, moreno y de pelo largo» [356].

En el *DRAE* la andadura de la voz presenta un par de curiosidades: en 1822, nuestro significado fue el último en el orden, lo que acredita que se le consideraba como menos frecuente que los otros [357], pero en 1884 se pasó a encabezar la serie y así continúa en 1970; las equivalencias latinas también variaron, desde *Ibridae filius ex parte* (llegó a 1822) hasta *Hybridae genus* (1852), que no aclaraba gran cosa, y en 1869, como es sabido, se suprimieron tales referencias. María Moliner [1966] pretende innovar y deja las cosas totalmente incomprensibles ('mestizo de español y mestizo indio') y da una acepción no recogida por la Academia, pero ignora todas las demás que, hemos visto, podían documentarse fácilmente.

Los *cuarterones* en sus formas más simplificadas tenían 87,50 % de sangre blanca y 12,50 % de negra; en tanto que en los *cuarterones de china* se reconocía un 56,25 % de blanca, un 6,25 % de india y un 37,50 % de negra; en los *cuarterones de*

1916], p. 114; el colombiano Carrasquilla, *Marquesa Yolombó* [1928], p. 512 *b*; Carpentier, *El reino de este mundo* [1967], pp. 143 y otras veces, etc.

[354] «De la unión del mulato con una blanca, resulta el *cuarterón*, porque no tiene más que una cuarta parte de sangre negra» (R. J. Bouton, *Vida rural Urug.* [1958], p. 57); «*Cuarterones*, o con un cuarto de sangre europea, fueron quince presbíteros y veinticinco religiosos sacerdotes» (F. Araneda, *Hist. Iglesia Chile* [1968], p. 14). Creo que la última referencia no es exacta en su explicación.

[355] Cobo, *Hist. Nuevo Mundo* [1653], edic. Sevilla, 1890-93, III, p. 18.

[356] Clavijo y Fajardo, trad. *Hist. Nat.* de Buffon [1785], V, p. 227. Evidentemente ese cruce no da cuarterón, sino *mulato*; el *DRAE*, desde 1817 tenía muy claras las cosas.

mestizo, un 75 % de blanca y un 25 % de india, y en los *cuarterones de mulata,* el 25 % corresponde a la sangre negra [357]. *Vid.* más ejemplificaciones s.v. *puchuelo.*

* * *

cuasi limpios de origen. *Perú.* Hijo de blanco con gente blanca [358].

* * *

cuatralbo. *Perú.* Nombre que, por tener la cuarta parte de sangre india, se daba al hijo de español y mestiza [359].

En 1609, el Inca Garcilaso, en sus *Comentarios Reales* (f. 225 *v*), dejó un buen testimonio del significado de la voz: «a los hijos de español y de mestiza, o de mestizo y española llaman *quatralvos* por dezir que tienen quarta parte de indio y tres de español». El término procede, evidentemente, de la zoología, donde, con referencia al caballo que tiene blancas las cuatro patas, se documenta en textos de 1588 en adelante. El capitán Cristóbal de Virués, habla de un jinete que monta en un caballo «castaño oscuro, fuerte y grande, / estrellado, *cuatralbo* y rabicano» [360] y Fernández Andrada pondera la nobleza de estos caballos [361].

[357] León, láms. 11 a 14.
[358] Pérez de Barradas, p. 234, § 37. La designación procede de una serie del Museo Etnológico de Madrid.
[359] Virey, § 7 (2.º grado); Santamaría [1942], s.v.; Pérez de Barradas, p. 233; Rosenblat, p. 177, § f, 2.º grado. 7.
[360] *El Monserrate* (BAAEE, XVII, p. 525 *a*). En efecto, el caballo tenía, según la descripción, color blanco en la frente y en la cola y en las patas.
[361] «Los *quatralvos* son cavallos nobles y bien afortunados y de clara intención: yerran pocos de ser muy buenos, si no aciertan a ser muy blandos de cascos, aunque se remedian con el buen herraje» (*Libro de la gineta* [1599], f. 52). Repite la especie en su *Maestro de la Caballería* [1616] («y si los blancos fueran muchos, sean en todos quatro pies, que es ser *quatralvo* [...] porque son cauallos nobles y venturosos», f. 12) y es seguido por Arredondo (*Albeitería* [1658], f. 6: «El caballo *cuatralpo* es noble»).

La documentación literaria de la voz es muy abundante [362] y dura todavía la consideración del bruto según el color de las patas, aunque los modernos folkloristas no andan de acuerdo con los antiguos: «¡Ah, y el color de las patas, que también no falla! Unalbo, bueno; dosalbo, mejor; tresalbo, malo, y *cuatralbo*, mucho peor» [363]. En el *DRAE* la historia de la definición nunca ha ofrecido dificultades [364].

El término pasó, pues, de la caracterización de los animales a la de las personas, y no fue, evidentemente, el único caso; la difusión geográfica de la voz parece restringida al Perú y es el equivalente del *cuarterón* de Méjico, Antillas y Tierra Firme. Posiblemente nació como designación humorística, pero su inexactitud (debiera ser el blanco total) y derivando hacia el mundo animal lo que en otros sitios, sobre una misma base *(cuatro)*, había definido exactamente a un tipo de mestizaje.

* * *

cuatratuo. *Vid. cuarterón* [365].

La voz procede de un texto del Inca Garcilaso, único en que se documenta. Las explicaciones que doy en la página 80 nos llevan a la conclusión de que *quatratuo* es, simplemente, una errata por *quatraluo*, que aclara todo y deja las cosas en su sitio. Por eso, debe resolverse la duda del *DCELC*, s.v. *cuatro* («palabra de formación incierta»), pues la autoridad que aduce Pagés poco

---

[362] Torres Villarroel, *Sueños* [1750], edic. 1794, XI, pp. 208, 214, 257; Estébanes Calderón, *Esc. and.* [1857], p. 152; Villa y Martin, *Ext. caballo* [1881], p. 416; Pérez de Ayala, *Urbano y Simona* [1922], edic. 1924, p. 262; Duque de Regla, *Dicc. ecuestre* [1945], s.v., etc.

[363] Texto del mejicano G. López Fuentes, *Arrieros* [1937], edic. 1944, p. 120.

[364] En Franciosini [1620]: «*quatraluo*. Cauallo balzano».

[365] *DRAE*, s.v.

significa: don Juan Valera tomó la palabra del diccionario, pero no de la realidad, ni de ningún autor.

* * *

chamizo. *Méj.* Dícese del hijo de coyote e india [366]. // 2. *Méj.* Hijo de mestizo y castiza [367]. // *Méj.* hijo de indio y albarazada (6.ª acepción) [638]. //. *Méj.* Cruce de saltatrás con india [369]. // *Méj.* Hijo de indio y mulata [370].

La voz no ha tenido fortuna con los diccionaristas, ni con los autores literarios; la Academia, aparte el testimonio de Rubio, sólo tiene otros tres, de carácter muy impreciso, aunque se refieran a gentes mestizas; el de Valle-Inclán, en *La Corte de los Milagros*, que he aducido en la página 70, y el del novelista mejicano Mauricio Magdaleno, en *El resplandor* [1937], que se refiere a «un niño ictérico y *chamizo*» (p. 11); páginas después, escribe: «¡Como lloraba el indino, hombreado, descriado, *chamizo* y con un sarampión de los gordos!» (p. 75) [371]. Sin embargo, la iconografía nos ha facilitado algún cuadro inolvidable: Miguel Cabrera, el gran pintor mejicano del siglo XVIII, en una de las pinturas que tan valiosas vienen siendo en nuestras descripciones, retrató a un niño *chamizo*, hijo de castizo y mestiza: se trata de una familia pobre; el padre lía cigarrillos y los empaqueta, sus ropas son andrajosas y la tristeza asoma a su rostro; la madre, preocupada, sujeta la cabeza entre las manos, mientras con-

---

[366] Blanchard I, p. 62, § 14; León, p. 22; *ib.*, p. 56, núm. 14; Pérez de Barradas, p. 233, § 10, y p. 236, § 81; Rosenblat, p. 168, § 1.14; Woodbridge, p. 357; Moreno, p. 213; Moreno, *Cuadros*, p. 142, no precisa el valor.
[367] Rubio, *Dicc. Mexic.* [1917], p. 179; León, p. 22; *ib.*, p. 41; Pérez de Barradas, p. 233; Rosenblat, p. 170, § 4.14; Woodbridge, p. 357.
[368] Rosenblat, p. 175, § d.11.
[369] Pérez de Barradas, p. 237, § 81 bis, con apoyo en Cícero.
[370] Pérez de Barradas, p. 237, § 81 tris.
[371] En los diccionarios que manejo no encuentro ninguna otra acepción que pueda convenir a la palabra.

templa al hijo vestido de camisa harapienta y su mano apoyada en un sombrero de paja de filo destrozado. Es un bello cuadro de género [372].

La etimología de la palabra hay que buscarla en el portugués, cosa sabida si nos referimos a *chamiza* 'hierba seca', pero debemos explicar, también, el cambio semántico experimentado, que no parece muy difícil, según he tenido ocasión de señalar en la página 79 de esta misma obra.

El *chamizo* (1.ª acep., coyote × india) tiene 22,60 % de sangre blanca; 55,50 %, india; 21,90 % negra [373].

* * *

chino. Dícese del descendiente de india y zambo [374]. // 2. *Cuba.* Dícese del descendiente de negro y mulata [375]. // 3. *Méj.* Hijo de mulato y española [376]. // 4. *Méj.* Hijo de morisco y española [377]. // 5. *Méj.* Casta producida por el crece de lobo (in-

---

[372] *Pint. colonial*, p. 48 y lám. 12. Blanchard II en su lám. XV reproduce un chamizo posiblemente albañil, de brazos desnudos porteando en el hombre una pértiga de la que penden dos baldes de madera; pintura descrita por León, p. 57, núm. 15.

[373] León, lám. 15.

[374] *DRAE*, s.v.; Medina, *Americ.*; *DRAE*, s.v.; Yrarrazával, *Chilenismos* [1945], s.v.; Woodbridge, p. 357; Moreno, p. 212. Herrera-Cícero no dan un valor preciso a la voz, igual que hizo Varey (II, p. 128), y se conforman con señalar «que en México hay la costumbre de llamar *chino* a todo el que tiene el pelo rizado naturalmente, carácter, como se sabe, muy general en la raza negra, y que nada de extraño tiene en mestizos derivados de dicha raza» (p. 90).

[375] *DRAE* [1914], s.v.; Suárez, *Voc. cup.* [1921], s.v.; Ortiz, *Catauro cub.* [1923], s.v.; Santamaría [1942], s.v.; Pichardo novísimo [1953], s.v.; Morínigo [1966], s.v.; Woodbridge, p. 357. Según Alzola (*RDTP*, XXI, 1965, p. 361), «antes de la emigración asiática, era designado *chino*».

[376] Rubio, *Mexic.* [1917], p. 178.

[377] Blanchard I, p. 60, § 6 (de la segunda enumeración), y II, lám. XI, § 6; Rubio, *Mexic.* [1917], p. 183; León, p. 43 (núm. 6); Aranzadi, p. 1093 a; Pérez de Barradas, p. 234, § 44; Rosenblat, p. 169, § 2.6; Woodbridge, p. 357. La voz, sin aclarar, aparece en Vera, p. 456.

dio × negra) y negra [378]. // 6. *Perú.* Hijo de mulato e india [379]. // 7. *Méj., Cuba, Perú.* Cruce de negro e india [380]. // 8. *Méj.* Cruce de saltatrás con india [381]. // 9. *Arg.* Nacido de blanco y negra [382]. // 10. *Sur Am.* Mestizo [383]. // =**cambujo.** Cruce de chino y cambuja [384]. // =**cholo.** *Perú.* Descendiente de indio y negra [385].

La etimología de la voz ha suscitado diversas cuestiones que no son de fácil solución. En el *Suplemento* a la 13.ª edición [1899], el *DRAE* incluyó por vez primera la acepción biológica (india × zambo) y propuso la etimología del mejicano *chinoa* 'tostado, por alusión al color de la piel', que en 1970 la reemplazó por otra de origen quechua, a la que volveremos. Con destemplanza, Santamaría [1942] desestimó el nahuatlismo en lo que no anduvo muy original, pues en 1917, Rubio, *Mex.* (p. 183), lo había hecho aduciendo razones dignas de tener en cuenta: 'tostar' es *totopotza* y 'tostado', *totopo* o *totoposte*. Tampoco es

---

[378] Hamy, p. 103, núm. 9; Blanchard I, p. 63, § 9 (tercera serie); León, p. 22; *ibid.*, p. 58; Aranzadi, p. 1094 a; Santamaría [1942], s.v.; Pérez de Barradas, p. 235, § 53; Rosenblat, p. 170, § 4.9; *ib.*, p. 172, § 9.11; Woodbridge, p. 357.

[379] León, p. 39; Santamaría [1942], s.v.; Rosenblat, p. 172, § 7.17; Woodbridge, p. 357.

[380] Virey, § 3 (primer grado); Santamaría [1942], s.v.; Rosenblat, p. 176, § g.2. Woodbridge (p. 357) extiende la geografía de la voz a Argentina, Uruguay y Paraguay.

[381] Riva Palacio, p. 427 b; Santamaría [1942], s.v.; Rosenblat, p. 176, § h.7; Woodbridge, p. 357.

[382] Santamaría [1942], s.v.

[383] León, p. 22; Santamaría [1942], s.v.

[384] León, p. 22; *ib.*, p. 41; Rosenblat, p. 170, § 3.10.

[385] Woodbridge, p. 357; Morínigo [1966], s.v.: «Se dice [...] para distinguirlo del asiático». En *Cuba*, al *chino asiático*, por idénticos motivos, se le llama *asiático, colono* (*Novísimo Pichardo* [1953], s.v.) o *chino manila* (Artiz, *Catauro cub.* [1923], p. 157).

más verosímil el origen propuesto por Barberena [386]: del quiché *x'in nutz*, primera persona del singular del pretérito perfecto de indicativo del verbo *nutz* 'encender fuego', en forma pasiva y tomada como infinitivo. Otra etimología presentada a continuación por el mismo autor y con unos cambios semánticos verdaderamente pintorescos, no merece mejor consideración [387].

Hoy se acepta el origen quechua de la voz (<*china* 'sirvienta'), que figura en González de Holguín [1608] y que, con referencia al cono Sur, consta en autores coloniales desde 1569 [388]. Resulta impecable la etimología y nada de extraño tienen otras evoluciones de significado, que señalen los diccionaristas: 'indio' [389], 'indio goajiro' [390], 'pelón' [391], 'indio no civilizado' [392], 'hombre plebeyo' [393], 'indígena' [394], 'calificativo cariñoso' [395], 'mu-

---

[386] *Quicheismos* [1894], p. 99.

[387] Blanchard repite dos veces el chiste de *chino* (<China), pero, como bien señaló León (p. 22), «el elemento asiático no entró para nada en el origen de este calificativo».

[388] *DCELC*, s.v. *china* III. Podría añadirse una nueva autoridad, sólo posterior a una de las que da Corominas y de Colombia, que no contaba con documentaciones viejas: «trató muy mal de palabra al compañero [...] de lo cual el Sayabedra no hizo caso, sino con la *china* a las ancas siguió su camino» (Rodríguez Freire, *El Carnero* [c. 1638], ed. 1936, p. 140). *Vid.*, tampién, Alvaro, *Glos. Venez.* [c. 1929], 1953, s.v. A la vista de mis explicaciones, deben desestimarse los escrúpulos de Moreno (*Cuadros*, p. 142), a la vez que deben rechazarse ciertas ligerezas.

[389] Ciro Bayo, *Voc. prov.* [1906], s.v.; Medina, *Nuevos chil.* [1927], s.v.; Malaret, *Supl.* [1942], s.v.

[390] Alvarado, *Glos. Venez.* [c. 1929], edic. 1953, s.v.; Santamaría [1942], s.v.; Villalobos, *Voc. zuliano* [1964], s.v.; Luzardo, *Leng. zuliano* [1966], s.v.

[391] Santamaría [1942], s.v.; Luzardo, *Leng. zuliano* [1966], s.v.

[392] Morínigo [1966], s.v. referido a Colombia; Luzardo, *Leng. zuliano* [1966], s.v.

[393] Medina, *Nuevos chil.* [1927], s.v.; Medina, *Chil.* [1928], s.v.; Santamaría [1942], s.v.; Yrarrazával, *Chil.*, [1945], p. 72.

[394] Segovia, *Dicc. arg.* [1911], s.v.; Morínigo [1966], s.v.; Flórez, *Region. Colombia* [1967], s.v.

[395] Medina, *Chil.* [1928], s.v.; Santamaría [1942], s.v.; Yrarrazával, *Chil.*, p. 72; Pichardo *Novísimo* [1953], s.v.

chacho'[396], 'miembro de ciertas cofradías religiosas formadas por indios'[397], 'desnudo' [como los goajiros][398], 'niñera'[399].

Ahora bien, lo razonable del quechuismo no impide que se hayan producido interferencias de otros orígenes, tal sería el caso de la *china poblana*, que es 'la mujer mejicana del pueblo'[400], pero —rectificaría— de la región de Puebla, cuyo bellísimo vestido es de carácter oriental (de ahí el nombre), según una sabida historia[401], o los rasgos orientales en el rostro de algunos indios que llevó a una especie de etimología popular al novelista Blasco Ibáñez o al lingüista Rabanales[402].

Por otra parte, habiendo pasado a ser *chino* cualquier clase de indio, puro o mestizo[403], se generalizaría a hombres de color distinto del de los europeos y así, testimonio de Arriaga, en Bilbao daban tal nombre al 'negro' o 'mulato'[404] y en lunfardo a las 'personas morenas'[405].

---

[396] Alvarado, *Glos. Venez.*, s.v.; Malaret, *Supl.* [1942], s.v.
[397] Yrarrazával, *Chil.* [1945], p. 52.
[398] Luzardo, *Leng. zuliano* [1966], s.v.
[399] Alvarado, *Glos. Venez.*, s.v. (Guatemala y Salvador).
[400] Morínigo [1966], s.v.
[401] La cuenta con bastante pormenor Boxer, *Woman* [1977], pp. 41-42, de quien tomo la siguiente bibliografía: Alonso Ramos, S. J., *Primera parte de los prodigios de la omnipotencia y milagros de la gracia en la vida de la venerable sierva de Dios Catharina de San Juan, natural del Gran Mogor, difunta en esta imperial ciudad de la Puebla de los Angeles*, Puebla de los Angeles, 1689; el vol. II, en Méjico, 1690; Joseph del Castillo Grajeda, *Compendio de la vida y virtudes de la venerable Catharina de San Juan*, Puebla de los Angeles, 1692; R. Carrasco Puente, *Bibliografía de Catarina de San Juan y de la China Poblana*, México, 1950.
[402] *La vuelta al mundo de un novelista* ([1924], I, p. 110); «Una criada es una india (muchas son efectivamente mapuches) o una *china* (por el tipo mongólico de algunas)» (*BIFUChile*, X, 1938, p. 280).
[403] Segovia, *Dicc. arg.* [1911], p. 117. Tampoco es preciso Kany en *Semántica*, p. 45.
[404] *Lexicón etimológico, naturalista y popular del bilbaino neto*, Bilbao, 1896.
[405] Gobello, *Lunfardía* [1953], p. 73.

La documentación de la voz que tengo a mi alcance no especifica la naturaleza del cruce (prescindo de las acepciones de 'indio' o 'muchacho'): «una mujerona de color sospechoso, entre *china* y mulata»[406], «El gaucho pudo ser blanco, negro, *chino*, mulato o zambo»[407]. Tampoco Humboldt dio informes mucho más exactos: «Los descendientes de negros y de indias son conocidos en México, Lima y aun en La Habana, con el extraño nombre de *chinos*» (II, cap. VII, p. 90 a).

En la *Pint. colonial*, de García Saiz, el *chino* socialmente parece una degeneración del lobo *(vid.)*: el sastre, con dignidad en su vestir, ha descendido al casarse con una negra (5.ª acep. de este artículo) y su hijo es azacán que lleva un cántaro grande a las espaldas (láms. 58 y 59)[408]. Del mismo modo, en Rosenblat (lám. 7), el chino va descalzo y lleva sobre la cabeza una batea con dulces, que denota la humildad de su condición[409], mientras que su padre, el morisco, viste casaca, calzón corto, tricornio y zapatos; el niño *(chino)* que va en su compañía, se cubre de andrajos el cuerpo y los pies, desnudos[410].

El *chino* (lobo×negra) tiene 25 % de sangre india y 75 % de negra[411].

* * *

cholo. Dícese del indio civilizado[412]. // 2. *Ecuador, Perú, Bolivia, Chile, Arg.* Mestizo de blanco e india[413]. // 3. Cruce de

---

[406] Payro, *Avent. Nieto Moreira* [1910], p. 241.
[407] Posiblemente se trate de 'indio' (Borges, *Evaristo Carriego*, edic. 1955, p. 78).
[408] Como en la reproducción que figura en Hamy.
[409] Asº tampién en León, p. 44 (núm. 7).
[410] *Vid.*, también, Blanchard II, lám. XI, § 7, y León, p. 44 (núm. 6).
[411] León, lám. 16.
[412] *DRAE*, s.v.; Santamaría [1942], s.v.; Friederici [1960], s.v.
[413] *DRAE* [1899], s.v.; Segovia, *Dicc. arg.* [1911], s.v.; León, p. 22; *ib.*, p. 39; Mateus, *Prov. ecuat.* [1933], s.v.; Santamaría [1942], s.v.; Yrarrazával, *Chil.* [1945], s.v.; Pérez de Barradas, p. 233; Kany, *Semántica* [1962], p. 32; Woodbridge, p. 357.

mestizo con castiza [414]. // 4. Denominación injuriosa con que los españoles designaban a los hijos de los mulatos [415]. // =**chino.** *Perú.* Descendiente de negro y amarillo [416].

En 1884, *cholo* era, en el *DRAE*, 'indio poco civilizado', pero a partir de 1899 aparece la segunda de nuestras acepciones y de él proceden las referencias en los diccionarios a los que inspira; Malaret [417], citando a Santamaría, lo rechaza. Creo que tomando en consideración la fecha que el americanismo se introdujo en la compilación académica, es lícito pensar que el error se tomó de un informe de Alcedo [1789] que, en su *Vocabulario de voces de América,* definió la voz como 'indio pequeño que tiene cultura, se ha criado entre los europeos y habla castellano' [418]. Lo normal es que signifique 'mestizo' [419] y de ahí cualquier producto híbrido [420].

En dependencia de la 3.ª acepción está una posible etimología de la palabra: «al hijo de negro y de india, o de indio y de negra dizen mulato y mulata. A los hijos destos llaman *cholo*; es vocablo de las islas de Barlovento; quiere dezir perro, no de los castizos, sino de los muy bellacos goçcones; y los españoles usan dél por infamia y vituperio» [421], pero Rosenblat no cree

---

[414] Pérez de Barradas, p. 233.
[415] Inca Garcilaso, *Comentarios Reales* [1609], f. 255.
[416] Santamaría [1942], s.v.; Woodbridge, p. 357.
[417] *Errores* [1936], II, s.v.
[418] Aunque, al parecer, en Perú puede ser el 'indio que adopta vestidos y costumbres occidentales' (*BAP*, XI, 1976, p. 59). Y Morínigo acepta que sean «indios algo civilizados, no salvajes» (*Dicc. amer.* [1966], s.v.).
[419] Tobar, *Leng. rural Ecuador* [1961], núm. 850; Alvarado, *Glos. Venez.* [1953], s.v.; Corylé [1948], s.v.; «los mestizos provenientes de la hibridación entre españoles y aborígenes se llaman *cholos* en unas repúblicas» (Montalvo, *Siete tratados* [1882], I, p. 190).
[420] Tobar, *loc. cit.*; en Salta, *gallo cholo* es el 'mezclado de raza de pelea con pacífica' (Solá, *Dicc. reg. Salta* [1947], s.v.; *cholear* 'mezclar vinos tinto y blanco' (Rojas Carrasco, *Chil. y Amer.* [1943].
[421] *Comentarios Reales* [1609], f. 225.

en su origen antillano [422]; sin embargo, Corominas y Morínigo
han dado razones que pueden reforzar la afirmación del Inca:
él sabía bien las cosas del Perú y, de pertenecer la voz al incario,
es difícil que lo ignorara; además, en Corrientes (Argentina) y en
Chile, la voz significa 'perro' [423]. Contra estos argumentos puede
esgrimirse que sería difícil que de una acepción despectiva se
pasara a una designación generalizada como la de 'indio', con
su carácter neutro; 'perro', además, es un significado muy limitado geográficamente hablando [424] y podría añadirse que, en Bolivia, también es el 'gato montés' [425] y que aparece en los dialectos peninsulares (alavés, navarro). Creo que lo más razonable
es pensar que la difusión de la voz (Costa Rica, Bolivia, Ecuador,
Perú, Argentina, Chile) [426] elimina su origen antillano y, por supuesto, mejicano, por más que ésta sea la etimología del *DRAE*
desde 1899 a 1970 [427]. Hay que volver, a pesar de todas las dificultades, al aimara *chhulu* 'mestizo', según propuso Lenz [428]. A
partir de aquí no es difícil llegar a la acepción de 'indio' [429],
desde la perspectiva del hombre blanco, y siempre subyace un

---

[422] *Glos. voces Inca Garcilaso*, II [1943], s.v.
[423] *DCELC*, s.v. *cholo*, nota 2; *Dicc. amer.* [1966], s.v. En pachuco, argot mejicano de California, es 'hombre de habla española' (Max Leopold Wagner, *Ein mexicanisch-amerikanischer Argot: das Pachuco*, «Romanistisches Jahrbuch», VI, 1953-54, p. 252).
[424] En Chile, al parecer, es el 'perro negro' (Santamaría, s.v., 2.ª acep.).
[425] Fernández Naranjo, *Dicc. boliv.* [1964], s.v.
[426] «Mestizo de indio y blanco en cuyos caracteres étnicos prevalecen los rasgos indígenas. No es voz despectiva» (Morínigo [1966], s.v.).
[427] «De *Cholollán*, hoy Cholula, distrito de Méjico», pero, justamente en Méjico es donde no se encuentra la voz. (Sólo hay una referencia que hará falta comprobar, por lo aislada y porque parece un arrastre del *DRAE*; «En Méjico, por lo general indio medio civilizado», Santamaría, s.v. *cholo*). No merece la pena tener en cuenta la hipótesis de Ciro Bayo: *chulo* gene-raría *cholo* con sólo cambiar la *u* en *o* (*Chuymiaca* [1912], p. 206).
[428] *Dicc. etim.* [1904], s.v., y le sigue Friederici [1960], s.v.
[429] Tobón Betancourt, *Colomb.* [1962]; Pulgar Vidal, *Dicc. Huanqueñis-mos* [1967]; Isaza Calderón, *Panam.* [1968]; Gagini, *Dicc. Costa Rica* [1893].

matiz despectivo. Claro que la idea de menos valor permite generar otras secundarias: 'plebeyo de las poblaciones' (porque entre ellos abundarían los mestizos»[430] y de ahí multitud de valores derivados: 'ladrón'[341], 'cobarde'[432], 'prostituta'[433], en ámbito disfemístico; mientras que las valoraciones positivas llevarían al empleo de la palabra como tratamiento afectuoso[344], para designar a los indios jóvenes[435], o a los animales mimados, según se oye en Venezuela[436].

Evidentemente, países con un alto grado de mestizaje facilitarán que a sus ciudadanos los vean en otras naciones como *cholos*[437], encerrando en la voz unas veces connotaciones negativas o simples denotaciones: tal es el caso en que se encuentran los peruanos[438] y bolivianos[439], y el mestizaje es también la base

---

[430] Gagini, *Dicc. Costa Rica* [1893]; Bayo, *Voc. prov.* [1906], donde se explica porqué no hay *cholos* en Buenos Aires y sí en Tucumán; Malaret, *Amer. leng. culto* [1947]; id., *Am. copla popular* [1947]; ib., *Amer. lengua lit.* [1952-53); Corylé, *Voc. mundo pequeño* [1948].

[431] Tobón Betancourt, *Colomp.* [1962].

[432] En Chile, según Morínigo, *Dicc. amer.* [1966]; Santamaría [1942]; Rojas Carrasco, *Chile y Amer.* [1943]; Solá, *Dicc. region. Salta* [1947].

[433] Solá, *Dicc. reg. Salta* [1947].

[434] Gagini, *Dicc. Costa Rica* [1899]; Lemos, *Sem. ecuat.* [1922]; Mateus, *Prov. ecuat.* [1933]; Rosenblat, *Glos. voces Inca Garcilaso* [1943], s.v.; Santamaría [1942], en Costa Rica y Ecuador; Alvarado, *Glos. Venez.* [1953]; Rabanales (*BIFUChile*, X, 290), en Chile, etc.

[435] Friederici [1960], s.v.

[436] Malaret, *Supl.* [1942]; Santamaría [1942]; Alvarado, *Glos. Venz.* [1953]; Morínigo (extiende la acepción a Ecuador y Perú) [1966].

[437] «Los peruanos [para un chileno] son los *cholos*, como si todos fueran resultado del cruce de blanco e india» (Rabanales, *BIFUChile*, X, 1958, p. 285).

[438] Para unos autores sin valoración (Echevarría, *Voces ind. sal.* [1929]; Uribe Piedrahita, *Glos. Toá* [1945); Yrarrazával, *Chilen.* [1945], p. 87; Tobón Betancourt, *Colom.* [1962]; Alario de Filippo, *Colom.* [1964], pero para otros con carácter despectivo (Medina, *Chil.* [1928]; Malaret, *Supl.* [1942]; Santamaría [1942]; Rosenblat, *Glos. voces Inca Garcilaso* [1943]).

[439] Despectivamente, según Oroz (*BIFUChile*, XIV, 1962, p. 237).

de llamar *cholo* al hombre o mujer de 'color moreno subido'[440], aunque la afectividad pueda regalar con el término a una mujer con tez un poco morena [441].

La literatura está salpicada con mil argumentos y referencias en los que el *cholo* resulta ser el protagonista. Prescindo, como hago siempre, de los textos en que el empleo de la voz no tiene un específico carácter connotado [442]. Así consideraré sólo los ejemplos inequívocos de

a) m e s t i z o : «Del desenfrenamiento con que [...] se han mezclado [...] se sigue [...] la muchedumbre de mestizos zambos y *cholos* que ay» [443], «sy hay satisfacción comparable con ésta es la de llamarle [...] *cholo,* roto o lépero a un Capoche por cuyas venas corre sangre de Benavides de León» [444], «indios, negros, *cholos,* gauchos y mulatos, todos marcharon con el criollo burgués contra la oligarquía exótica» [445], «y hubo un tiempo en que el negro, el indio, el zambo, el *cholo* y el mulato estaban persuadidos de que había un rey de Castilla que defendería su justicia si fuera necesario» [446], «*cholos* e indios miraban a los participantes» [447].

---

[440] Santamaría [1942]; Lidia Contreras, *Semántica esp. amer.* (*RPF*, XIV, p. 107); Morínigo, *Dicc. amer.* [1966].

[441] Rabanales (*BIFUChile*, X, 1958, p. 290).

[442] El significado de 'soldado' (Tobón Betancourt, *Colomb.*) se explica porque los *cholos,* mestizos o indios, se alistarían en las tropas para mejorar de condición económica.

[443] Fernández de Piedrahita, *Hist.* [1688], p. 459 a. Creo que es éste el valor que se deduce de numerosas citas que encuentra en *El recurso del método* de Alejo Carpentier (La Habana, 1979): «Pero en mi país, donde son muchos —¡demasiados!— los indios, negros, zambos, *cholos* y mulatos» (p. 18), «las mulatas y zambas, pardas y *cholas,* zapateaban a cual mejor» (p. 55).

[444] Montalvo, *Cap. olv. Cervantes* [1889], edic. 1930, prólogo.

[445] Rojas, *Blasón* [1910, edic, 1941], p. 119.

[446] Maeztu, *Defensa Hispanidad* [1934, edic. 1941], p. 278.

[447] Ciro Alegría, *Mundo ancho* [1941], edic. 1954, p. 109.

b) i n d i o : «Desde un polo al otro polo, / un blanco, un negro o un *cholo* / no es otra cosa que un hombre» [448], «Resolvió quedarse de padre. Sí. Padre del hijo de un tal Cumba; *cholo* por los cuatro costados» [449], «era un *cholo* fornido que siempre tenía una gran bola de coca abultándole la mejilla» [450].

c) p l e b e y o : «Los envidiosos y malsines [...] le dieron a entender que era un *chola* o gente de poco más o menos» [451], «Así habíamos llegado [...] a creernos un pueblo de pura raza europea, olvidando que la emancipación, salvo el escaso número de los dirigentes, fue realizada por el *cholo* de las ciudades y el gaucho de los campos, mestizos a quienes el nuevo dogma directamente beneficiaba» [452], «el *cholo*, el roto, el gaucho, el llanero, la multitud, el pueblo, en fin, ese gigante de poderoso y certero instinto, abarca de un golpe la verdad y el bien, o los arranca de cuajo» [453].

d) s o l d a d o porque la milicia se nutre con hombres de clases populares entre las que abundan los mestizos [454].

La valoración social que comporta la condición del *cholo* ha tenido acceso a los diccionaristas: en Salta, «es término recíproco. El de la aristocracia llama *cholo* al de la clase media, y éste denomina así a aquél» [455]; en Ecuador, «entre el *cholo* y el caballero, está el burgués» [456]; «Poco más arriba que los indios están los *cholos*, que forman el proletariado de las ciudades» [457].

---

[448] M. A. Segura (peruano), *Poesías* [1871], p. 98.
[449] Icaza, *Huasipungo* [1934, edic. 1953], p. 11.
[450] Alegría, *Mundo ancho* [edic. 1954], p. 19.
[451] Montalvo, *Siete trat.* [1882], p. 195.
[452] Rojas, *Blasón* [1910, edic. 1941], p. 76.
[453] Guzmán, *Baptista* [1946], p. 161.
[454] Kany, *Semántica*, p. 33.
[455] Solá, *Dicc. reg. Salta* [1947], s.v.
[456] Alfonso Andrade, apud Malaret, *Amer. lengua lit.* [1952-53], s.v.
[457] Malaret, *Amer. copla pop.* [1947], s.v.

Y en las coplas populares también hay referencias a esa condición social, según sean las preferencias —o posibilidades— gastronómicas: «Las negras huelen a ruda, / las zambas a chicharrón, / las blancas a queso fresco, / las *cholas* a requesón»[458].

El cholo (español×india) tenía un 25 % de sangre blanca y un 75 % de india.

* * *

español. *Méj.* Vuelta a la raza primitiva por la mezcla de tentenelaire con español[459]. // 2. *Méj.* Dícese del hijo de castizo y española[460]. // 3. *Méj., Perú.* Hijo de español y quinterona de mestizo[461]. // 4. *Méj.* Cruce de quinterón de mestizo y requinterona de mestizo[462]. // 5. *Cartagena de Indias o Perú.* Blanco con quinterona[463].

Es comprensible que la dilución de matices llevara a identificar con *español* a todas las castas en las que el mestizaje apenas dejaba señales. Tal es lo que las descripciones anteriores nos muestran y tal es lo que en algunos sitios dura todavía: en Tucumán se recogió el dicho ser «blanco como un *español*», que valdría para autorizar la afirmación, si es que fuera necesario[464]. Resulta evidente que las clases inferiores tendieran a identificarse con las que gozaban de mayor prestigio y así se llamaban espa-

---

[458] Bayo, *Chaquisaca* [1912], p. 189.
[459] Herrera-Cícero [1895], p. 89.
[460] Herrera-Cícero [1895], p. 88; Blanchard I, p. 62, y II, lám. XI, § 3; Riva Palacio, p. 472 *a*; Rubio, Mexic. [1917], p. 178; León, p. 22; *ib.*, p. 38; *ib.*, p. 40; *ib.*, p. 43 (núm. 3); *ib.*, p. 49 (núm. 3); Pérez de Barradas, p. 232; Rosenblat, p. 168, § 1.3; p. 169, § 2.3 y § 3.3; p. 171, § 6.3; p. 172, § 8.6; p. 177, § i.7; p. 178, § j.18; Solano, p. 13; Moreno, p. 210; Moreno, *Cuadros*, p. 139; Woodbridge, p. 357.
[461] Rosenblat, p. 171, § 7.7; Woodbridge, p. 357.
[462] Rosenblat, p. 178, § j.41; Woodbridge, p. 357.
[463] Rosenblat, p. 174, § c.5.
[464] Ciro Bayo, *Vic. prov. Arg.* [1906], s.v. *españoles*.

ñoles los criollos [465] y más si alcanzaban el preciado título de *don* [466]. La dignidad con que los indígenas investían a los españoles, hizo que, entre los aimaras [467], el patronímico sirviera para designar al dios Viracocha, culminación de un proceso que se cumplió en otros muchos sitios [468].

No poseo documentación literaria sobre este último fruto del mestizaje, lo que es lógico si pensamos en la confusión a la que ya se había llegado con los españoles criollos: un *español mestizo* sólo tenía un 12 % de sangre indígena y se había asimilado totalmente al grupo social europeo; baste ver un cuadro de castas para comprender que la fusión era total (el *castizo* ya llevaba espada) en cuanto a su atuendo [469], tanto entre los hombres como entre las mujeres [470].

La primera de nuestras acepciones tiene 87,50 % de sangre blanca y 12,50 % de india [471].

La voz ha conocido otros cambios semánticos, como los que se atestiguan en Nicaragua [472].

* * *

---

[465] «Los *españoles*, como se llaman los criollos en su filiación, forman la guardia nacional» (Ciro Bayo, *Chuquisaca* [1912], p. 157).

[466] Ciro Bayo, *Voc. prov. Arg.* [1906], s.v. *españoles*. Sobre las vicisitudes de este tratamiento, vid. Lengua y sociedad: las constituciones de América, recogido ahora en *Hombre, etnia, estado*, Madrid, 1986.

[467] Bertonio, *Voc. Aymara* [1612], f. 226 b.

[468] Manuel y Elena Alvar, *Cronistas de Indias*, Madrid, 1980, pp. 15-16.

[469] Blanchard II, lám. XI, § 3; Rosenblat, lám. 3; *Pint. colonial*, láms. 26, 48, 52.

[470] Blanchard II, lám. III. Recuérdese que Bertonio decía s.v. *española*: «señora y también la descriuen de la propria manera por el traje y modo de vestir» (*Voc. Aymara*, p. 226 b).

[471] León, lám. 18; Rosenblat, p. 137.

[472] «Gentilicio que los miskitos y demás tribus de la Costa Atlántica de Nicaragua le aplican a los nicaragüenses que no son *costeños*» (Alfonso Valle, *Dicc. del habla nicaragüense*, Managua, 1948, s.v. *españoles*).

españolo. Español (1.ª acep.) [473].

No conozco otras documentaciones que las de referencia; no creo que sea forma tradicional, sino una forma pretendidamente cultista que procede del III Concilio de Méjico.

* * *

fornatrás. *Méj.* Como *saltatrás*. Debe ser mala lectura por *tornatrás* [474].

* * *

galfarro. *Am. Mer.* Casta producida al cruzarse negro y mulata [475].

Corominas ha señalado el origen jergal de *galfarro* 'alguacil; el que hurta', cuyo antecedente sería *garra* 'zarpa'. En efecto, la documentación que aduce hace convincente la propuesta, que podría asegurarse con otros testimonios: en el *Glosario* de Carmen Fontecha, *galfarro* es 'hombre ocioso y de mala vida' (testimonios de L. de Villalobos [476] y L. de Úbeda) y a registros de este tipo pertenecen otras acepciones antiguas y modernas como la de 'rufián' [477], 'ladrón' [478] y, desde ésta, 'ave de rapi-

---

[473] Blanchard, II, p. 51, núm. 1, según el *Concilio III Provincial Mexicano*; León, lám. 18 y p. 23; Rosenblat, p. 178, § j.18.

[474] Rosenblat, p. 178, § j.5.

[475] León, p. 23 (que lo considera sinónimo de *cabro*); Pérez de Barradas, p. 234, § 40; Rosenblat, p. 178, § j.19; Woodbridge, p. 357.

[476] «Ahora juzgad voz cuál es mejor vida, ésta o la que hasta ahora he tenido, suzia y saluajina, en poder de *galfarros* suzios y traidores» (*Cartas* [c. 1543], edic. 1886, p. 140).

[477] «La mochacha no es tuya, ni de su marido, sino del otro *galfarro* que se ríe de ambos» (Fray Alonso de Cabrera, *Sermones* [a. 1598], edic. NBAAEE, III, p. 175).

[478] «Lucio tornó muy tarde a su posada y alló cinco *galfarros* que procurauan derrocar las puertas por entrar, mal pecado a robar» (fray Juan de Pineda, *Agr. crist.* [1589], II, f. 38 a), «¿Cómo puede ser bueno soltar

ña'[479], 'uñas'[480]. Con acepción despectiva se documenta en Barto-Soler[481] y J. Motta Salas[482].

Todos estos antecedentes[483] explican el americanismo *galfarro* si tenemos en cuenta el carácter infame que tenían los descendientes de negros[484] y los malos hábitos de que se culpaba a la gente de color.

El índice sanguíneo es fácil: 25 % de blanco y 75 % de negro (León, lám. 19).

* * *

gente blanca. *Méj., Perú.* Hijo de español y requinterona de mulato[485].

Como en otros casos, se trata ya de una dilución del color en la sangre blanca de los españoles. La *gente blanca* se oponía a la simple *gente* que ha llegado a significar 'indios'[486] o 'negros'[487]. Claro que la rama eufemística haría pensar (como toda-

---

veinte *galfarros* [...] que desgarren, que despedacen, que roben, que arañen, con tal que hagan parte de la presa a quien los envía?» (fray Alonso de Cabrera, *Sermones*, p. 442), «desde que los metales se cortan de las minas, hasta dar a la plata la perfección que hemos visto, tiene tantos enemigos y *galfarros*» (Bernabé Cobo, *H.ª Nuevo Mundo* [1653], edic. Sevilla, 1840, I, p. 318).

[479] En distintas zonas leonesas (Corominas, *DCELC*, *loc. cit.*) y asturianas (Rodríguez Castellano, *Contrib. voc. bable occ.* [1957], s.v.); cfr. K. Whinnom, *Sp. Bird-Names* [1966], s.v.

[480] García Rey, *Voc. Bierzo* [1934], s.v.

[481] *Marcos Villarí* [1927], edic. 1952, p. 140.

[482] *Alonso Quijano* [1930], p. 139.

[483] En los diccionarios constan desde 1620 (Franciosini). En el *Thesaurus*, de Requejo [1729] equivale a 'satelles. -itis'. Covarrubias dio la acepción de 'alguacil' y el *DRAE* las otras dos (la leonesa y la de 'hombre de mala vida'). María Moliner transcribe al viejo diccionarista y a la Academia.

[484] Rosenblat, p. 185.

[485] León, p. 23; *ib.*, p. 39; Santamaría [1942], s.v.; Pérez de Barradas, p. 234, § 35; Rosenblat, p. 172, § 7.14; Woodbridge, p. 357.

[486] Uribe Piedrahita, *Glos. Toá* [1945], s.v.

[487] *Pichardo novísimo* [1953], s.v.

vía hoy en el *ser gente*) en una valoración positiva frente a los que no son gente; y así, «los indios no se creen gente, y por eso, cuando hablan de los civilizados, los nombran con el genérico *gente*»[488]. Sin duda, *gente blanca* se opone ya al *gente de color* 'negros y mulatos', que aparece en los diccionarios [489] y aflora a la literatura culta: «Alta la voz y animosa / como si cantara flor, / hoy, caballeros, le canto / a la *gente de color*»[490]. A mitad del siglo XIV, un franciscano español empleó el sintagma *gentes negros*, paralelo al que nos ocupa, para designar a los habitantes del «reinado que dizen tremisin y confina con el flumen nilus»[491].

La proposición de las sangres que entran en esta mezcla es de 96,87 % blanca y 3,13 % negra [492].

* * *

gentil. *Méj.* Hijo de coyote (2.ª acep.) e india.

Coyote es, lo sabemos, cruce de español e india, con lo que al cruzarse con otra indígena el hijo tiene un 75 % de sangre aborigen. Se ha aplicado a la designación una terminología que viene desde muy lejos: el *gentil* no era otra cosa que el 'pagano', y como tal se tiene al individuo en el que domina tan arraigadamente la sangre no cristiana.

Para el *DRAE*, *gentil* es 'idólatra o pagano', herencia de algo que consta en nuestra tradición donde, a veces, se separó el 'que adora ídolos o falsas deidades' de los 'politeístas'[493]. Claro que

---

[488] C. Montoya, *Cartas* [1916], edic. 1960, p. 97.
[489] Segovia, *Dicc. arg.* [1911], s.v.; Suárez, *Voc. cubano* [1921], s.v.; Santamaría [1942], s.v.; *Novísimo Pichardo* [1953], s.v.
[490] J. L. Borges, *Para seis cuerdas* [edic. 1966], p. 311.
[491] *Libro del conoscimiento* [edic. 1877], p. 55.
[492] León, lám. 20.
[493] «Los egipcios eran malos y *gentiles* e idólatras» (Hernán Pérez del Pulgar, *Crón. Reyes Cat.*, BAAEE, p. 652 b), «encontramos [...] herejes, *gentiles*, idólatras» (P. Ordóñez de Ceballos, *Viaje del mundo* [1614], NBAAEE, p. 293, b).

la distinción no siempre fue clara, pues autores —y de los más insignes— confundieron a unos con otros [494] y, como ha seguido en la historia de nuestra lengua, pudo aplicarse el adjetivo sólo a 'griegos y romanos' [495].

La oposición 'pagano'/'gentil' también está documentada desde antiguo [496], lo mismo que la de 'idólatra'/'gentil' [497]. Cierto que acaso no funcionara claramente la oposición, sino que establecería en muchas ocasiones una especie se sinonomia que llevaría a la fusión de todas estas matizaciones. *Gentil* pasaría a ser el 'hombre que no tiene fe en doctrinas reveladas', según se ve en textos del siglo XV [498], o, simplemente, quien practicaba idolatría o paganismo, sin que constara ningún tipo de matización: «Cosdroe [...] era *gentil* y por amor della bautizose» (*Ultramar* [1295], edic. 1503, f. 2 *a*); «Pues si esta que era muger *gentil* y sin fe dio de sí tal enxemplo [...] quanto más lo deuen hazer las christianas» [499], «dezían que eran de los *gentiles*. Otros dezian que eran de los judíos» [500]. Se comprende que fácilmente el adjetivo *gentil* se aplicara a los indios americanos tanto por practicar la idolatría como el paganismo; así los historiadores de América utilizaron la pa-

---

[494] Basten ejemplos de Lope de Vega («el *gentil* a los ydolos adora», *Balaan* [1611, edic. 1935], v. 1919) y de Quevedo («los propios *gentiles idólatras* le llamaron engañador», Quevedo, BAAEE, II, p. 474 *b*).

[495] «Claudiano, poeta *gentil* [...], lo cuenta en heroycos versos» (Pedro Mejía, *Hist. imperial* [1547], p. 167 *d*), «aquella sacra historia que tenían en gran reverencia los *gentiles* escribió un antiguo griego llamado Eunio» (P. .Las Casas, *Apologética hist.*, NBAAEE, XIII, p. 274 *p*), «todo se le va en predicar y en traer ejemplos e historias de *gentiles*» (fray Juan de los Angeles, *Obras místicas*, NBAAEE, XX, p. 417 *a*).

[496] «Los hebreos y los alárabes, los paganos y *gentiles*, que a nuestra ley infaman» (fray A. de Guevara, *Cartas*, BAAEE, p. 84 *a*).

[497] «era *gentil*, y idólatra» (Pedro Mejía, *Silva* [1667], p. 40).

[498] «*gentiles*, judíos, cristianos y moros, todos en esta concordia están» (*Celestina*, edic. 1902, p. 8), «*Gentiles*, moros, judíos y los christianos, desuíos ponen, por loqual me guardo» (Jiménez de Urrea, *Cancionero*, edic. 1878, p. 468).

[499] *Castigos y doctrinas* [s. XV, edic. 1878), p. 277.

[500] Bernal Díaz, *Historia* [c. 1568], edic. 1904, I, p. 24.

labra en muchas ocasiones, de las que voy a entresacar algún testimonio: de Ovalle, en su *Historia de Chile* [1646] («aunque ay todavia nuebos *gentiles*, que no están de bajo de su real jurisdicción», p. 333 *b*); de Cervantes de Salazar, en su *Crónica de la Nueva España* [1567] («Montezuma [...] murió como *gentil*, deseoso hasta la postrera boqueada de la venganza de los suyos», edic. 1914, p. 481), y de Clavijo y Fajardo, en su traducción de la *Hist. Nat.* de Buffon [1785] («arma que debe ser muy común en las Indias Orientales, pues los sacerdotes *gentiles* la usan como insignia de dignidad», t. XIII, pp. 220-221).

Es lógico que, si al mestizo con 75 % de sangre blanca le llaman *español*, digan *gentil* (por el cambio semántico recién explicado) al que lo tiene de sangre india. Se trata, pues, de una mzecla que se aproxima a los índices de los aborígenes antes de ningún cruce: baste recordar que una de las escenas de mestizaje que pintó Miguel Cabrera, llama *indios gentiles*, a los que, al parecer, no muestran ninguna contaminación [501]. Más pureza parecen tener los *indios mecos*, *bárbaros*, que pintó un anónimo en el siglo XVIII, haciendo que la mujer se presente en una desnudez que no tenía la del cuadro anterior [502].

* * *

golfo. Como *tentenelaire* [503].

No poseo documentación.

* * *

---

[501] *Pint. colonial*, lám. 13.
[502] *Ibidem*, lám. 47. Otro tanto cabría decir de los *yndios apaches*, de la lám. 65. En todos estos cuadros se repiten unos tipos y unas escenas de carácter afín.
[503] Santamaría [1942], s.v. *tornatrás*.

grifo. *Am. Mer.* En las castas coloniales, el hijo de indio y loba; lo mismo que tentenelaire (7.ª acep.) [504]. // 2. Cruce de negro y mulata [505]. // 3. Hijo de cuarterón y cuarterona [506].

Evidentemente, del castellano *grifo* 'cabello crespo' [507], según según consta en el *DRAE*, salió la acepción de 'mulato' porque es característica de la raza negra tener el pelo ensortijado [508]. En el siglo XVIII, aquel notable personaje que fue Clavijo y Fajardo, ya había escrito: «los hijos de un mulato y una negra o de un negro y una mulata, a los cuales dan el nombre de *grifos* [...]» [509]. No nos extraña, pues, que los diccionaristas hayan recogido la palabra con la acepción de 'persona de color', según Santamaría [1942], Malaret [1942] (*Voc. Puerto Rico*) y Morínigo [1966]. Como referencia literaria, véase la de Carpentier, que he aducido en la página 71.

La etimología de la voz procede de *grifo* 'ave fabulosa' [510], cuyo plumaje tenía «aspecto erizado» [511], y la voz española, refe-

---

[504] León, p. 23; *ib.*, p. 40; Pérez de Barradas, p. 237, § 85; Rosenblat, p. 172, § 8.9; Moreno, p. 213; Moreno, *Cuadros*, p. 142 (hay que modificar sus informes).

[505] Virey II, p. 129; León, p. 23; Rosenblat, p. 175, § f. 2.º grado.4 (sigue la lista de Virey).

[506] León, p. 23.

[507] Malón de Chaide, *Conv. Magdalena*, Clás. Cast., t. 105, p. 124: «Pues *grifo* dícese de los cabellos crespos».

[508] Así en el *DRAE*, Supl. a la edic. 1970. Cfr. Santamaría [1942] para Méjico y P. Rico; Malaret [1942], *Supl.*; *ib.* [1955], *Vic. P. Rico*; Flórez, *Léx. cuerpo humano Colombia* [1969]; Acad. Colombia, *Breve dicc. colomb.* [1975], s.v.

[509] Trad. de la *Hist. Nat.*, de Buffon [1785], t. V, p. 228.

[510] Funes, *Hist. gral. aves* [1621], p. 242.

[511] Alonso de Palencia en su *Vocabulario* [1490] dice que es «vn anima que nasce en los montes hiperboreos: que tiene plumas y quatro pies el qual en todas las partes del cuerpo es semeiante al leon y semeiante a aguila en el rostro y en las alas y en los pies [...] griphos corren por tierra como leones, buelas por el ayre como aguilas y guardan las esmeraldas».

rida a ciertos mulatos, pasó al francés y al inglés (*DCELC*, s.v.), justamente al revés de lo que dice Moreno (p. 213).

La distribución geográfica del término procede de León (p. 23), que señalaba como mejicanismo su equivalente *tentenelaire* y del mismo autor es la proporción de la mezcla: 30 % de sangre blanca, 20,70 % de india y 49,30 % de negra (lám. 22).

* * *

guineo. *Perú.* Negro procedente de Africa [511a].

Lógicamente, la voz hace referencia a Guinea [512], la región de Africa —entre el Senegal y el Geba— donde se hacían las levas de esclavos negros [513]. A su vez, Guinea procede de Ghano, capital del reino de Sarakoté, al norte del Senegal [514]. A los negros guineos se les llamó *negros de ley*, por el aprecio en que eran tenidos. El Inca Garcilaso [1605] motivó la definición que figura en este encabezamiento: «Llaman negro llanamente al *guineo*, y español al que no lo es» [515]. Que la palabra sirviera para designar —por su origen— al 'plátano' [516] a 'cierto baile popular' [517], o a la 'lengua de los negros' [518], no tiene nada de extraño.

[511a] Rosenblat, p. 173, § a. En Kany, *Semántica* (p. 161), simplemente, 'negro'.

[512] Granda, p. 220 y bibliografía que aduce. Como reciente visión de conjunto, cfr. *La traité négrière du XVe au XIXe siècle*, UNESCO, París, 1979.

[513] La otra era el Congo (cfr. Ortiz, *Contrapunto cubano* [1963], p. 102, y otro libro antiguo del mismo autor: *Glos. afron.* [1924], s.v.). Para Nebrija [1945], «*guineo* hombre de allí».

[514] Deive, *Glos. afronegrismos* [1973], s.v.

[515] *Florida*, f. 53 r, b. Cfr.: «Al negro [...] llanamente le llaman *guineo*» (*Comentarios reales* [1609], f. 255).

[516] Cfr. Alcedo, *Voc. voces amer.* [1789]: «especie del género de los plátanos». Hoy *guineo* 'plátano' se recoge en las Antillas, Méjico, Centro América, Venezuela, Colombia, Bolivia y Perú.

[517] Estuvo difundidísimo en la edad de oro y aún subsiste en Cuba (Ortiz, *Glos. afron.* [1924], s.v.) y, al parecer, en Canarias (Millares, *Léx. Gran Can.* [1924], s.v.

[518] En Alvarez Gato: «Vienen de todos lenguaxes, / barbaros, loros, *guineos*, / turcos, armenios, hebreos, / aláraues y caldeos» (edic. Artiles,

En el texto latino del Concilio III de Méjico, *etíope* es el equivalente de 'negro': «Hispanos, mixtos, Aetiopes et ex altero parente Aetiopes ortos» [519].

* * *

harnizo. Casta producida al cruzarse el europeo y la coyota (4.ª acep.) [520].

No tengo más referencias que las aducidas y otra de Santamaría [1942], s.v. Ante esta rareza, y que el punto de partida sea Varey, cuyas transcripciones tienen tantas deficiencias, pensé si no se tratará de una errata por *barcino*, transmitida luego al copiar unos autores de otros. Pero el que no se dé una total correspondencia en el origen que ha motivado estos dos mestizajes, me hace dudar de la hipótesis. Por otra parte, habiendo sangre blanca en el cruce, pienso si será lícito pensar en *harina*, con un sufijo *-izo*; un 84,40 % de la sangre que entra en la mezcla es europea, mientras que sólo el 12,50 % es india y el 3,10 % restante negra [521].

* * *

indio. *Sto. Domingo*. Mestizo [522].

Posiblemente tuvo su origen en una valoración despectiva, que trataría de cortar a los mestizos cualquier pretensión de acercarse

---

p. 126); en Quevedo: «si escribes comedias y eres poeta, sabrás *guineo* en volviendo las *rr*, *ll*, y al contrario» (*Obras*, edic. Astrana, t. I [1932], p. 59).

[519] *Concilium III*, p. 156 (§ I) y 157 (§ III).

[520] Varey, II, p. 130; León, p. 23; Aranzadi, p. 1094 b; Pérez de Barradas, p. 233; Rosenblat, p. 176, § f, 4.º grado.20; *ib.*, p. 178, § j.23; Woodbridge, p. 358.

[521] León, lám. 23.

[522] Rosenblat, p. 179, nota. Para el término en su acepción normal de 'indígena americano', *vid.* Friederici [1960], s.v.

a los blancos; del mismo modo, en Yucatán se distingue entre *vecinos* (blancos) e *indios* (indios y mestizos) [523]. En Chile, según el testimonio de J. T. Medina [1928], el carácter desdeñoso del término *indio* se trasluce al darlo 'a la persona que por el color de su rostro y sus facciones se parece a un indígena americano' (*Chilenismos*, s.v.).

* * *

jarocho. *Méj.* Hijo de negro e india [524].

La etimología es el árabe x a r û ṭ 'mujer mala', que dejó herederos en el murciano (*farota* 'mujer descarada') [525] y en el andaluz (*jarocha* 'campante, terne, fresco') [526]. El *DRAE*, desde 1899, recogía la palabra con la acepción, limitada a «algunas provincias», de 'persona de modales bruscos y algo insolentes', que parece vinculada a la etimología y a los usos dialectales. En Colombia, los diccionarios recogen la voz con frecuencia y así consta como 'brioso, arrogante, jarifo; en Malaret (*Supl.* [1942]) y Morínigo (*Dicc. amer.* [1966]; como 'alegre, retozón', en Di Filippo (*Lex. colomb.* [1964]); como 'alegre, desenvuelto, ágil de movimiento', en el *Breve dicc. Colomb.*, de la Academia Colombiana [1975]. Creo que es en esta familia de palabras donde debemos insertar la que nos ha servido de motivo [527]: la evolución semántica no es difícil; desde 'mujer mala' se pasaría a 'mujer descarada' y de ahí a esas acepciones entre las que entran 'insolencia', 'arrogancia', 'alegría' o 'desenvoltura'. Queda por resolver

---

[523] Roberto Redfield, *Yucatán. Una cultura en transición*, México, 1944, pp. 94-95.

[524] León, pp. 23-24; Pérez de Barradas, p. 235, § 50; Rosenblat, p. 178, § j.24; Woodbridge, p. 358; Moreno, p. 213; Moreno, *Cuadros*, p. 142 (la etimología de Klunder es inaceptable).

[525] Steiger, p. 231. Aunque el étimo ya consta en. Eguílaz, s.v. *farota*.

[526] Alcalá, *Voc. and.*, s.v.

[527] Robelo, con toda razón, no la considera de origen americano (*Dicc. seudoaztequismos* [1906], s.v.).

la prioridad de las acepciones americanas 'veracruzano', 'mulato'; cada una —independientemente— se explica sin dificultad: en Méjico, el *jarocho* fue, según se repitió muchas veces, el 'campesino de la costa de Veracruz' [528], pero ya Rubio puntualizó el significado [529], y Santamaría [1942] precisó que es buen jinete, «como el charro del interior de la República». Pensar que este hombre sea petulante, desenvuelto, arrogante, etc., no es mucho elucubrar: la literatura costumbrista ha hablado del atrevimiento [530] y cadencia de sus coplas [531] y de los hábitos poco recomendables de los hombres [532]; unamos esto a su forma de hablar [533] y tendremos la imagen de un tipo que pudiera haber nacido en otras costas del mar.

Está claro que el *jarocho* tiene unas prendas que, vistas desde fuera, se tildan de insolentes o groseras. No extraña que el negro, necesariamente no bien educado, se asimilara a la designación de un cierto tipo de gentes. Pero, al puerto de Veracruz, llegaban los barcos negreros [534] y se asimilaba al mulato en cuanto tiene de costumbres negativas con las del veracruzano inculto, si es que éste —además— no tiene ramalazos de sangre africana, como nos recuerda algún escritor de la región: «dura y no chata de nariz, a pesar de la raza: que bien podía gloriarse de *jarocha* de

---

[528] Como ilustración de esto, pueden verse los cuadros de género que escribió Gabriel Ferry sobre *The Jarochos*. (*Life in México*), Nueva York, 1856, pp. 277-313.

[529] «Este vocablo no lleva implícita, ni tampoco exige, la designación de campesino [...] Se da el nombre de *jarocho* únicamente a los nativos del Cantón de Veracruz cualesquiera que ellos sean, sin que tal nombre se extienda a los de los otros cantones costeños veracruzanos» (*Méx.* [1917], s.v.).

[530] Palacios, *Paisajes* [914, edic. 1916), p. 30.

[531] Díaz Mirón [1906], apud Onís, *Antología*, p. 60.

[532] Inclán, *Astucia* [1865, edic. 1946], p. 14: «el muchacho, a pesar de su corta edad, es tamaño *jarocho*, muy garrudo».

[533] «A Margarita le divertía la voz del *jarocho*. Dulzona, atiplada, sin eses ni finales» (Azuela, *Avanzada* [1940], edic. 1958, p. 1078). Cfr.: «Lo *jarocho* no semo alevoso» (Palacios, *Paisajes* [1914, edic. 1916], p. 123).

[534] Gonzalo Aguirre Beltrán, *La población negra de México*, México, 1946.

almacenar en las venas más de las tres cuartas partes de legítima sangre del Congo», «Por lo demás, todos estos *jarochos* entreverados de negro y de cambujo son iguales» [535].

En su origen el *jarocho* tendría sangres india y negra a partes iguales [536]; hoy en la región de Veracruz se ha producido un mestizaje total y, al parecer, no hay indios y negros puros, y *jarocho* ha pasado a designar al 'natural de Veracruz' [537].

* * *

jenízaro. *Méj.* Dícese del descendiente de cambujo (1.ª acep.) y china [538]. // 2. Hijo de barcino (4.ª acep.) y zambaiga (5.ª acep.) [539]. // 3. Hijo de mulato e india [540].

Es ésta otra de tantas palabras que han experimentado un cambio al aplicarse en América a acepciones desconocidas en Europa [541]. Porque partiendo del árabe y e n y i c h e r i se generalizó entre nosotros la palabra *jenízaro* referida a los 'soldados turcos' [542]. El paso a las designaciones de diversos 'tipos de mestizaje', puede obedecer tanto a la brutalidad de las tropas for-

---

[535] Ambas referencias proceden de los *Paisajes* de E. J. Palacios [1914, edic. 1916], pp. 113 y 126, respectivamente.
[536] León, lám. 24.
[537] Kany, *Semántica* [1962], p. 39.
[538] *DRAE*, s.v.; Santamaría [1942], s.v., «poco usado».
[539] Heger, p. 462; León, lám. 19 bis (falta la voz en el vocabulario); Pérez de Barradas, p. 237, § 82; Rosenblat, p. 170, § 5.19; Woodbridge, p. 357.
[540] Morínigo [1966], s.v.
[541] Eguílaz, s.v. *genízaro*. Inexplicablemente, la voz falta en el *DCELC*.
[542] En Fernández de Andrada [1599], *Libro gineta*, f. 16; en Lope de Vega, *Cuerdo loco* [1602, edic. 1922], v. 2254; «don Juan de Austria [...] en Lepanto [...] derramando las venas de tantos *genízaros*, hizo nadar en sangre los peces» (Quevedo, *Obras*, edic. Astrana [1945], p. 316 *b*), «hecho ayunque de los *jenízaros* alfanjes» (Gracián, *El Político*, edic. Aguilar, 1944, p. 47), *passim*.

madas por estos hombres [543], como al color de la piel y, tal vez, a ambas cosas al mismo tiempo. La acepción académica, al parecer no se usa en Méjico, a pesar de que la Academia registra el término desde su primera edición. Pero en los *Mexic.* de Rubio [1917] se considera como vocablo «muy anticuado en su significación etnográfica» y el mejicanismo del *DRAE* «no sólo no lo usa nadie [...] sino que ni siquiera consta en ninguna de las clasificaciones mexicanas», lo que no es cierto, pues tal origen tiene la tela del Museo de Historia Natural de Viena, que nos ha servido para la 2.ª acepción. Lo que sí creo es que la primera acepción académica ('mezclado de dos especies de cosas' [ya en 1927], de donde probablemente se hizo derivar 'hijo de padres de diversa nación; como la española y francés') no debe figurar en primer lugar. La ordenación de las acepciones del *DRAE*, por historia y por uso debiera ser: 'soldado turco'>'mulato'>'mestizo de cualquier tipo'.

La documentación literaria de esta casta no es frecuente, o a lo menos no lo es la que yo poseo: «¿Trapalón, mestizo, advenedizo, *jenízaro* y rabón, ¿que es lo que de ki-ki-ri-kó?» [544], «El negro en la nueva patria se multiplicó, y [...] pronto aparecieron mulatos, pardos y, en menor proporción, *jenízaros*, fruto de la mezcolanza de indios y negros» [545].

En la 2.ª acepción (barcino×zambaiga), el *jenízaro* tendría 17,95 % de sangre blanca, 72,65 % de india y 9,37 % de negra [546].

* * *

---
[543] El *DRAE* no recoge la acepción de 'hombre rudo, grosero, etc.', que debe tener difusión geográfica bastante precisa: no he oído la voz en Andalucía y sí, mucho, en Aragón, ¿tendrá que ver con las fuerzas napoleónicas que sitiaron a Zaragoza?
[544] Sarmiento, *Prosa* [1842, edic, 1943], p. 129.
[545] Carmelo M. Bonet, *Una visión optimista de la Argentina. Buenos Aires y su Pampa* (*BAAL*, XXVIII, 1963, p. 215).
[546] León, lám. 19 bis.

jíbaro. *Méj.* Dícese del descendiente de albarazado (1.ª acep.) y calpamula [547]. // 2. *Méj., Am. Merid.* Cruce de lobo con china, o viceversa, entendiendo por *lobo* la 3.ª acepción y por *china* la 3.ª acepción [548]. // 3. *Méj.* Dícese del hijo de calpamulato (2.ª acep.) e india [549]. // 4. Cruce de grifo (1.ª acep.) y zambo (2.ª acep.) [550]. // 5. *Méj.* Cruce de lobo con mulata [551].

Suele considerarse la voz como de incierta etimología; tal vez proceda del taíno *siba* o *siba* 'piedra' y de ahí salió la acepción 'montaraz' aplicado a perros (más rara vez a gatos) [552] y, sobre todo, a genes [553]. Corominas ha aportado documentación del siglo XVIII, anterior al empleo de esta voz por los costumbristas que aducen Santamaría [1942] y Malaret [1955] [554]. El paso a 'persona bien desarrollada, alta, gruesa y vigorosa' [555] no es difícil de explicar, mientras que la tribu ecuatoriana y peruana del mismo nombre [556], tal vez lo recibiera de los españoles, que llevarían al continente lo que habían aprendido en las Antillas; de

---

[547] *DRAE*, s.v.; Rubio, *Mexic.* [1917], s.v.; Malaret, *Errores* [1936], s.v.; Santamaría [1942], s.v., § 6; Woodbridge, p. 358.
[548] Blanchard II, lám. XI, § 9; León, p. 23; *ib.*, p. 44 (núm. 9); Rubio, *Mexic.* [1917], s.v.; Pérez de Barradas, p. 235, § 54, y p. 237, § 83; Rosenblat, p. 169, § 2.9; Woodbridge, p. 358.
[549] Hoyos, *Lecc. antrop.*, III, p. 314; Pérez de Barradas, p. 237, § 84; Rosenblat, p. 171, § 6.9; Woodbridge, p. 358; Solano, p. 13.
[550] Virey, que por error escribe *givero*, II, p. 130; Aranzadi, p. 1094 b; Rosenblat, p. 176, § f, 4.º grado. 16; Woodbridge, p. 358.
[551] Herrera-Cícero, cuadro del § 804; Riva Palacio, p. 472 b; Pérez de Barradas, p. 237, § 86; Rosenblat, p. 177, § i.14; Woodbridge, p. 358.
[552] Tanto en Cuba como en Puerto Rico (Ortiz, *Catauro* [1923]; Malaret, *Supl.* [1942]; *Pichardo Novísimo* [1953]; Morínigo [1966]. Cfr.: «Los vecinos de las poblaciones salían a montear por los inmensos campos selvosos de Cuba y cazar el ganado orejano y el *jíbaro*» (Ortiz, *Contrapunto cubano* [1963], p. 492).
[553] *DRAE*, desde 1884.
[554] Salvador Brau, *Hist. Puerto Rico* [1904], nota a la p. 181.
[555] Membreño, *Hondureñismos* [1897], s.v.
[556] Indios de este grupo guaraní también se encuentran en Chile (Santamaría, s.v.).

ahí que una tribu de indios salvajes fuera bautizada con el nombre de otra bárbara a la que habían conocido en el Caribe [557], o que pasara a significar 'agreste, rústico', en Tabasco [558]. En Puerto Rico, *jíbaro* fue y sigue siendo, simplemente, 'campesino' [559] o 'campesino blanco' [560]. Las acepciones que encabezan estas líneas proceden, sin duda, del carácter tosco, grosero, incivil con que los mulatos suelen ser caracterizados, conducta que cuadraría bien con la de esos indios cimarrones a que se refieren tantos autores. La iconografía del *jíbaro* lo muestra vestido a lo caballero, como vendedor de telas [561].

El jíbaro (lobo × china) tiene 67,19 % de sangre blanca, 12,50 % de india y 20,31 % de negra [562], pero no es ésta la única proporción que resulta cierta, pues todo depende del punto en que se considera el cruce. En otros autores, *jíbaro* es el cruce de lobo con mulata (nuestra 5.ª acepción) y en tal caso la mezcla de sangre sería de un 31/64 de español, 25/64 de negro y 8/64 de sangre sería de un 31/64 de español, 25/64 de negro y 8/64 de indio [563]. La minuciosa monografía de M. T. Babín, no llega a establecer la etimología, pues todas las que se han dado son inadmisibles y se resigna a dejar abierto el paréntesis de la duda. La palabra, al parecer, no se atestigua en Puerto Rico hasta bien entrado el siglo XIX (por 1814) y se generaliza con la famosa

---

[557] Se documenta en los diccionarios de Membreño, *Hondureñismos* [1897]; Segovia, *Dicc. argent.* [1911]; Velarde, *Vocab. loret.* [1928]; Mateus, *Prov. ecuat.* [1933]; Santamaría [1942]; Tovar, *Voc. peruano* [1947]; Gambetta, *Dicc. Mil.* [1946]; Morínigo [1966].

[558] Malaret, *Supl.* [1944], s.v. Debemos añadir su empleo como 'campesino, silvestre' en Chile (Yrarrázaval [1945]).

[559] Malaret, *Errores* [1936]. También en Santo Domingo, aunque la documentación parece ser mucho más restringida (Morínigo [1966], s.v.).

[560] Doc. en 1820, según Malaret, *Supl.* [1942]; Morínigo, *Dicc. Am.* [1966].

[561] Blanchard II, lám. XI, § 10; León, p. 44 (núm. 10); Rosenblat, lám. 10.

[562] León, lám. 21.

[563] *Vid. El jíbaro y el criollo* en el lipro de María Teresa Babín, *Panorama de la cultura puertorriqueña*, Nueva York, 1958, p. 108.

obra del doctor Manuel A. Alonso, *El gíbaro* (1849). Hoy el término —muy difundido, por ser manifestación del puertorriqueñismo— significa 'rústico'.

* * *

ladino. *Guat., Salv.* Mestizo de blanco e india [564]. // 2. *Am. Cent.* Mestizo [565].

Como es harto sabido *ladino* era la persona que sabía romance (< l a t i n u) y la acepción duraba en la edad de oro [566]; de ahí salieron usos secundarios que ahora no nos interesan [567] y otros que generaron la terminología americana. Porque *ladino* pasó a significar 'indio que hablaba castellano' [568], bien por haberse criado con los españoles [569], bien por haber heredado la len-

---

[564] Friederici [1960], s.v.; Morínigo [1966], s.v.; Woodbridge ,p. 358.
[565] Valle, *Dicc. nicarag.* [1948]; Rosenblat, p. 179, nota; Morínigo [1966].
[566] «Algunos moros *ladinos* llamauan a grandes boces» (*Hechos cond. Iranzo*, edic. Carriazo, p. 108), «muchacho [...] muy *ladino* en la lengua castellana» (Pérez de Hita, BAAEE, III, p. 659 a), «disputaron quatro personas entre ellos de los más *ladinos*, que [...] fuesen besarle las manos» (Mármol, *Reb. moriscos* [1600], f. 135).
[567] Como, por ejemplo, 'astuto, taimado', *vid.* mi *Ladino* 'judeo-español' es una consecuencia de hablar una lengua latina, en oposición a otras balcánicas que no lo son (en Marruecos su equivalente es *hakitía*). Para otras acepciones, *vid. La Leyenda de Pascua. Tradición cultural y arcaísmo léxico en una «Hagadá de Pasah» en judeo-español*. Sabadell, 1986, s.v. *ladinán.*
[568] Así en mil explitaciones: Bouton, *Vida rural Uruguay* [1958], p. 60; «los naturales que en ella residen por la mayor parte son *ladinos*, que es tanto como dezir españolados en la lengua» (Aguado, *Hist. Cenz.*, Madrid, 1918, I, p. 22); «en todo este orbe no ay indios mas *ladinos* [...] que los de Nicaragua» (Herrera, *Descrip. Indias* [1601], f. 38); «todos los indios de este pueblo [...] *ladinos*» (Vázquez Espinosa, *Compendio Indias Occ.* [1629], edic. 1948, p. 234). *Vid.* más documentación en Friederici, s.v., y Kany, *Semántica*, p. 23.
[569] «Los indios *ladinos*, que son los que se han criado con los españoles, son más maliciosos que virtuosos» (Cervantes de Salazar, *Crón. Nueva Esp.* [1560-1567], edic. 1914, p. 31); «y así los indios que no son *ladinos* ni

gua y perdido la aborigen [570]. Claro que recibiendo la herencia española, *ladino* significó 'el que tenía pericia en otra lengua que la propia' [571]; así, por ejemplo, en la *Rebelión de los moriscos* [1600], Mármol habla de alguien que era «muy *ladino* en la lengua árabe» (f 50 *v*), como Ordóñez de Ceballos, de «los indios *ladinos* en lenguaje general» [572] o como se lee en un documento de 1590 («estaba *ladino* en la lengua de los naturales de aquellas comarcas») [573]. Lógicamente, tras la castellanización de los indios se produjo la de los negros introducidos como esclavos, y *ladino* se vino a aplicar a las gentes de color que, de algún modo, se habían hispanizado: «tomó de un barco ciertos negros *ladinos*» [574]. Es fácil explicar que *ladino*, como persona con unas cualidades que se oponían a quienes no gozaban de ellas, viniera a ser un término caracterizador frente a indio y a negro, e incluso se identificara con español. En Nicaragua es el 'que no tiene semejanza con el indio'; también puede significar 'español' [575] y, en Cuba, se opone a 'bozal' [576].

---

criados entre españoles» (Cobo, *Hist. Nuevo mundo* [1653], edic. 1890-1893, t. IV, p. 154).

[570] En Guatemala, por ejemplo. Cfr.: «Hoy se llaman ladinos los nativos de estos países que hablan castellano y que no tienen ni el traje ni las costumbres de los indios» (Batres, *Vicios leng. Guat.* [1892], p. 357). Cfr. *Encuestas fonéticas en el suroccidente de Guatemala* («Lingüística Española Actual», II, 1890) y *Español, castellano, lenguas indígenas* («Logos Semantikos», Madrid, 1981, t. V, p. 402, nota 28).

[571] «*Ladino* se llama el que sabe bien la lengua estraña de la suya» (Simón, *Not. Indias Occ.* [1627], 705 *b*).

[572] *Viaje del mundo*, NBAAEE, p. 404 *b*.

[573] *Codoin Am.*, XV, 1871, p. 192.

[574] Zárate, *Hist. Perú* [1555, edic. 1749), p. 117 *b*. Cfr. antes: «Vínose a mí un negro de los *ladinos* con una mano cortada, soldado muy plático» (López Villalobos, *Cartas* [1531], edic. 1886, p. 119).

[575] Buitrago, *Voc. Pinolerismos* [1939], s.v.; Valle, *Dicc. micar.* [1948], s.v.

[576] *Pichardo novísimo* [1953], s.v.; C. Alzola, *Habla popular cubana* (RDTP, XXI, 1965, p. 361). *Vid.* tampién Manuel Alvarez Nazario, *El elemento afronegroide en el español de Puerto Rico*, San Juan, 1974, pp. 365-370.

Lógicamente, la condición social de los *ladinos* había mejorado con respecto a la de los indios; en 1629, A. Vázquez Espinosa en su *Compendio de las Indias Occidentales* pudo escribir: «ay buenos arrabales donde viven *indios ladinos,* muchos de ellos officiales» (edic. 1948, p. 378).

Ladino como 'indio o negro que sabe español' fue desapareciendo, conforme progresó la hispanización, tal y como ocurrió en Cuba [577], aunque en América Central siga siendo el 'indio de costumbres occidentales' [578] y en Colombia pueda designar a cierto tipo étnico [579].

Queda, pues, claro que *ladino* era el 'hablante de castellano', de donde vino a significar 'hispanizado'; pasar de esta acepción a la de 'indio mestizo de español' no es sino seguir un proceso dentro de la mezcla que llevaba del indio puro a un cruce con europeo [580]. Luego surgieron otros valores (el de 'taimado' que hemos aducido) el de 'parlachín, elocuente', que se oye en Colombia, que tenía que ver con el hecho cultural de habilidad en poseer la lengua, no con el biológico de la mezcla sanguínea.

Como apostilla última a este término: Alejo Carpentier, en sus extraordinarios medios de recreación lingüística, «inventa» *latino* para designar al mestizo, por cuanto el término está en correlación con *zambo,* una clase de mulato: «los marines, aquí:

---

[577] *Pichardo novísimo* [1953], s.v.

[578] «Después de volver de la visita al cementerio del pueblo, indios y *ladinos* reposaban, unos cuantos minutos pasada la media noche» (Medina Ruiz, *Cuentos guatem.* [1966], p. 29).

[579] «La Chatica ésta es *ladina* de nación» (Tomás Carrasquilla, *Marquesa Yolombó* [1928], edic. 1952, p. 400).

[580] En Yucatán, *ladinos* eran los descendientes de españoles o mestizos que a sí mismos se consideraban blancos y que, viviendo aparte de los indios mayas, tenían costumbres europeas (Nelson Reed, *The Caste War of Yucatan,* Stanford, 1964, p. 5, nota. El libro nada tiene que ver con el objeto de mi estudio).

como hicieron en Veracruz, entonces; como en Haití, cazando negros [...] a buena bayoneta con zambos y *ladinos*» [581].

* * *

limpio. *Am. Mer.* Casta producida al cruzarse blanco con gente blanca [582]. // **= de origen.** Hijos de cuasi limpios de origen blanco [583].

La explicación del significado está clara: *gente blanca* era una casta en la que la sangre negra había quedado muy diluida, y ahora, al cruzarse otra vez con blanco, la coloración se atenuaba más. *Limpio* hacía referencia, pues, a un mestizaje de quinta generación [584], en el que no quedaba sino un 3,1 % de sangre africana. Estábamos en el trasplante de una concepción peninsular en la que *limpia* era la 'persona que no tiene mezcla ni raza de moros, judíos, herejes o penitenciados' (*DRAE*, s.v.), o, como diría Franciosini [1620]: «si dice taluolta in Spagna colui che é Christiano vecchio, e che non há razza ne dependenzza da moro, ne da giudeo» [585]. Una vez más, la sociedad colonial calcó en

---

[581] *El recurso del método* [1979], p. 229.
[582] León, p. 24 (por error se pone *limpis*); Rosenblat, p. 178, § j.25. En la p. 172, § 7.15, se les llama *casi limpios de su origen;* Woodbridge, p. 358.
[583] Pérez de Barradas, p. 234, § 38, que se apoya en León.
[584] Blanco × negra = mulato; blanco × mulata = tercerón; blanco × tercerona = quinterón; blanco × quinterón = requinterón; blanco × requinterón = *limpio*.
[585] Cfr. «Hijo de *limpia* sangre» (H. del Pulgar, *Claros varones*, tít. VIII, fol. 23), «fue buscada en Castilla tal ama que fuese buena, e de buen linage, e *limpio*» (*Pero Niño*, edic. 1782, p. 25). «Un pobre aragonés soy, / nacido en Calatayud, / de humildes padres, mas *limpios* / como el rayo de la luz» (Góngora, *Obras*, II, p. 140), «Miguel Gerónimo de Ciézar [...] de muy ilustre y *limpio* linaje» (Palomino, *Parnaso* [1724], edic. 1936, p. 257); «ninguno de los interrogados puso tacha de judío, moro, relajado, penitenciado o reconciliado a ninguno del linaje de los Medranos. Todos les tienen por gente *limpia*» (Dámaso Alonso, *Disc. recep. Acad.* [1948], p. 21). La ejemplificación es abrumadora.

América unas ordenaciones que venía practicando en la Península [586].

Según el índice de León: los *limpios* tenían 99 % de sangre blanca y 1 % de negra (gráfico 25).

* * *

lobo. *Méj.* Hijo de negro e india, zambo [587]. // 2. *Méj.* Hijo de indio y tornatrás [588]. // 3. *Méj.* Descendiente de saltatrás y mulata [589]. // 4. *Méj.* Hijo de lobo e india [590]. // 5. *Méj.* Cruce de mulato y china (7.ª acep.) [591]. // 6. *Méj.* Hijo de chino cambujo e india [592]. // =**tornatrás.** Hijo de lobo e india [593].

[586] Valga una referencia por cuanto alude a hombres que significaron no poco en la historia naciente de América: «el comendador Françisco de Bobadilla, y el comendador fray Nicolás de Ovando, eran caballeros e hombres prinçipales e de *limpia sangre*» (Oviedo, *Hist. nat. Indias*, I, p. 92).

[587] Virey, II, p. 128 (primer grado); *DRAE*, s.v.; Hoyos, *Lecc. Antrop.*, III (1900), p. 314; Hamy, p. 102, núm. 8; Blanchard I, p. 63, § 8 (3.ª serie); Rubio, *Mexic.* [1917], p. 178; León, p. 24 y lám. 26; *ib.*, p. 38; *ib.*, p. 41; *ib.*, p. 52, núm. 8; Pérez de Barradas, p. 235, § 47; *Vocab. Periquillo Sarniento* [1949], s.v.; Aranzadi, pp. 1092 b y 1094 a; Rosenblat, p. 170, § 4.8; *ib.*, p. 171, § 6.10; *ib.*, p. 172, § 8.11; *ib.*, p. 175, § d.8; *ib.*, p. 175 (primer grado.3); *ib.*, p. 178, § j.26; Woodbridge, p. 358; Solano, p. 13.3; Moreno, p. 42; Moreno, *Cuadros*, p. 141. La definición de Moliner es sumamente imprecisa. En los *Avisos* (post. 1766), la voz no tiene equivalencia (p. 390).

[588] Blanchard I, p. 62; Rubio, *Mexic.* [1917], p. 178; Pérez de Barradas, p. 237, § 87; Rosenblat, p. 168, § 18; Woodbridge, p. 358.

[589] Blanchard I, p. 63, § 8 (de la segunda serie); León, p. 44 (núm. 8); Pérez de Barradas, p. 237, § 88; Rosenblat, p. 169, § 2.8; Woodbridge, p. 358.

[590] León, p. 40; Pérez de Barradas, p. 235, § 49; Rosenblat, p. 172; § 8.11.

[591] Herrera-Cícero [1895], cuadro del § 804; Riva Palacio, p. 472 *b*; Pérez de Barradas, p. 237, § 88 bis; Rosenblat, p. 176, § h.8; *ib.*, p. 177, § i.12; Woodbridge, p. 358.

[592] Rubio, *Mexic.* [1917], p. 179; León, p. 41; Rosenblat, p. 170, § 3.10; Woodbridge, p. 358; *Pint. colonial*, p. 46.

[593] Santamaría [1942], s.v.; Woodbridge, p. 358.

Según mi documentación, la palabra no es demasiado frecuente en los diccionaristas, ni —por supuesto— en la literatura; sin embargo, abunda en la iconografía. Don Angel Rosenblat publicó unas bellas láminas (llevan los números 8 y 9 de su colección): el *saltatrás* y la *mulata* (nuestra 3.ª acep.) que acompañan al *lobo* visten de manera harto diferente, pues mientras la mujer se atavía con dignidad y decoro, el hombre —vendedor de pescado— va con ropas muy estropeadas, y el niño, semidesnudo. Cuando este *lobo* se ha hecho hombre, viste un traje de ranchero [594] que parece indicar una posición más medrada [595]. Otro cruce (chino cambujo × india) está registrado en un cuadro de Miguel Cabrera: las tres figuras acreditan desahogo económico, visten a la española y la niña *(loba)* puede disponer de un juguetillo [596]. Pero es la condición social del *lobo* de nuestra primera acepción (negro × india); en un cuadro del Museo de América de Madrid, hombre *(indio)* y mujer *(negra)* parecen ser vendedores de comidas [597] y el niño *(lobo)* viste pantalón andrajoso y va descalzo [598]; sin embargo, en la misma serie, el *lobo* (lám. 57) ha mejorado de economía: es sastre y viste pulcramente por más que sea muy oscuro el color de su tez [599].

Por las definiciones lingüísticas y las descripciones iconográficas, el *lobo* es un personaje en el que la sangre negra tiene notable participación. Según el orden con que he enumerado las variantes de la entrada, un 50 %, un 12 % (indio × tornatrás),

---

[594] Cfr. León, p. 44 (núm. 9).
[595] Acaso haya que relacionar con ello el colombianismo 'mujer que no está en las clases sociales superiores' (Restrepo, *Apuntaciones* [1955], s.v.).
[596] Otro tanto habría que decir de las figuras que se ven en *Pint. colonial*, lám. 26.
[597] Lo mismo que en la pintura de Eugenio de Castro, descrita por Hamy, p. 102, núm. 8).
[598] *Pint. colonial*, lám. 57.
[599] Tal y como lo describió Hamy (p. 103, núm. 11) y consta en otro cuadro mejicano (León, p. 61, núm. 9). No así el *lobo* de Blanchard II (lám. IX) y León (p. 94, núm. 9) que ayuda a la india en la frutería.

un 75 % (saltatrás×mulata) [600], un 75 % (mulato×china), un 25 % (chino cambujo×india), un 25 % (lobo [1.ª acep.]×china=lobo tornatrás) [601]. Pienso si, al haber un índice alto de sangre negra, se habrá creído en los caracteres negativos que se ven en ella y el lobo sería comparado con el 'caballo cerril' [602], con 'animal montaraz' [603] y, de ahí, pasó a significar 'huraño' [604]. Haría falta conocer la cronología de estos cambios semánticos para anteponerlos al valor de 'zambo', que estamos comentando. En todo caso, pudo producirse una metáfora directa: el *lobo* es animal de pelaje gris oscuro y de vida salvaje, características que de un modo u otro convienen al color del mestizo que nos ocupa o a los animales cerriles. Posiblemente tal sería la evolución semántica: *lobo* 'cánido'>a) 'hombre de piel gris oscura' y b) 'animal salvaje', o a) + b), simultáneamente [605].

* * *

loro. Mulato; descendiente de negro [606].

En el *DRAE*, la voz se define como 'de color amulatado o de un moreno que tira a negro'. Lógicamente, la equivalencia de las castas coloniales se debe al color de la piel, según Vittori (1609). Ya Nebrija (1495) decía que 'entre blanco y negro; que tira a negro', y le siguieron todos los diccionaristas posteriores. He aquí alguna antigua documentación: «la gente es mucha, sus colores son blancos, *loros*, mulatos, indios y mezclas de unos y otros» [607];

---

[600] Suponiendo que la línea haya sido blanco×negro=mulata; blanco×mulata=tercerona; tercerón×mulata=saltatrás; saltatrás×mulata=*lobo*.
[601] Lo que biológicamente no parece cierto.
[602] Malaret, *Supl.* [1944], s.v.; Deive, *Dicc. dominic.* [1977], s.v.
[603] Medina, *Chilen.* [1928].
[604] Medina, *Chilen.* [1928]; *id., Nuevos chilen.; DRAE, Supl.* 1970.
[605] Llamar *lobos* a los herejes (Huerta, trad. Plinio, *Hist. Nat.* [1523], I, f. 399) queda fuera de estas metáforas de primer grado.
[606] Rosenblat, p. 179, nota; Woodbridge, p. 358.
[607] *Codoin*, V, 1866, p. 498.

«los que viven so la línea equinoccial, como participen de la color della son de color algo azafranada, o como decimos, *loro*»[608]; «el color de los indios es algo moreno, el cual sueles explicar nuestros escritores con muchos nombres como son *loro*» (Cobo, *Hist. Nuevo Mundo*, III, p. 13)[609].

* * *

lunarejo. *Méj.*, *Perú*. Al parecer, el hijo de español e india, mestizo[610].

Rosenblat (p. 95) establece la identificación partiendo de un hecho sabido: Juan de Espinosa Medrano fue un gran poeta del Perú colonial (1632-1688?), que tradujo Virgilio al quechua; se sabe que era hijo de español e india, y se le llamaba el *Lunarejo*. Si hay vinculación entre el apodo y el origen genético, la dificultad quedaría salvada, en este caso al menos. Cierto es que *lunar* 'pequeña mancha en el rostro u otra parte del cuerpo' (*DRAE*, desde 1780) dio lugar al apodo, según el testimonio clarísimo de Ascasubi en su *Santos Vega*: «Y, aunque se llama Rosa, le decían *Lunareja*, / porque, junto a una oreja / un lunar negro tenía / de forma que se le unía / con el arco de la ceja»[611]. Así, se puede documentar con variadas ejemplificaciones que *lunarejo* es el 'ganado vacuno o caballar que se distingue por uno o más lunares en el pelo'[612], 'animal de un pelo que tiene

---

[608] *Apologética historia* (NBAAEE, XIII, p. 54 *b*).
[609] Cfr. Colón, *Diario descubrimiento*, edic. Alvar, II, p. 52, nota 89.
[610] Rosenblat, p. 178, § j.27; Pérez de Barradas copia a León, pero ignora el significado (p. 237, § 89).
[611] Citado por Saubidet, *Voc. criollo* [1945], s.v. El propio Saubidet dice que *lunarejo* «aplícase al pelo del yeguarizo que lleva uno o más lunares. Se entiende que éstos son redondeados, pequeños y de tamaños parecidos». *Vid.*, también, Mieres, *Dicc. lrug.* [1966], s.v., y *Dicc. Voces urug.* [1971], s.v.
[612] Segovia, *Dicc. argent.* [1911], s.v.; Santamaría [1942] amplía la referencia a Chile.

alguna mancha distinta que se le destaca' [613], 'que tiene lunares' [614], 'dícese de la persona que tiene muchos lunares, o del animal que tiene muchas manchas' [615]. La formación es americana, pues no hay ninguna documentación peninsular, y, al parecer, es antigua, ya que tengo por cierta la documentación del siglo XVII. La gran vitalidad del término en la América Meridional (sólo hay un testimonio de Méjico y ninguno de Centro América) hace abrigar la sospecha de que el foco de irradiación del término estaría en Perú, según se infiere de su documentación más antigua y, además, la riqueza de testimonios referidos a los animales permite sospechar que, de la zoología, el significado pasaría a las personas.

* * *

mameluco. Hijo de blanco e india [616]. // 2. Mestizo de sangres negra, india, y europea [617].

La documentación que aporta Friederici es brasileña y se refiere a la primera de estas acepciones, que para Machado de Olivera [1861] es una mezcla híbrida e impura convertida en la más feroz enemiga de los indios. Los testimonios que aduce el investigador alemán ayudan a creer que la voz tiene origen

---

[613] Bouton, *Vida rural Urug.* [c. 1931-1938], edic. 1958, p. 180. Cfr. Guarnieri: «Mancha aislada y pequeña, de color blanco, sobre fondo oscuro o viceversa, en el pelaje de los caballos» (*Dicc. rioplat.* [1957-1968], s.v.).

[614] Malaret, *Americ.* [1931]; *id., Supl.* [1944], s.v. Solá, en su *Dicc. reg. Salta* [1947] atestigua el significado en Colombia, Ecuador, Perú y Bolivia; también en Tobón Betancourt, *Colom.* [1962], s.v.; Morínigo [1966], que añade Méjico.

[615] Restrepo, *Apuntaciones* [1955], s.v. Cfr. Villafuerte: 'Persona que tiene muchos lunares en la cara', 'animal de manchas redondas en el pelaje' (*Voces Catamarca* [1961], s.v.); también en Di Filippo, *Lex, colomb.* [1964], s.v., y Academia Colombiana, *Breve dicc. colomb.* [1975], s.v.

[616] Friederici [1960], s.v.; Morínigo [1966], s.v.; Boxer, *Women* [1975], p. 136, s.v. Aranzadi da el nombre como propio del Brasil (p. 1092 b) y su equivalencia en español es *mestizo*.

[617] Friederici, s.v.; Krüger (*NRFH*, II, p. 392) rechaza tal posibilidad.

tupí (m a m a r u c a 'mestizo'); en efecto, desde mediados del siglo XVI abunda la palabra en los escritores sobre cosas del Brasil *(mameluco)* [618] y posteriormente pudo ser condicionada por los *mamelucos* del imperio otomano [619]. Las referencias en los autores hispanoamericanos se hacen siempre al Brasil (Morínigo, Ciro Bayo, Segovia, *Argentinismos,* Santamaría) y con alusión a la barbarie de estos «zambos» paulistas [620].

Vid. las referencias a diversos textos que hago en las páginas 71 y 78. Acepción que nada tiene que ver con la nuestra, en Kany, *Semántica,* p. 166. Cfr.: «los descendientes de portugueses, indios y africanos se habían mezclado bastante en esta tierra y producido una abigarrada variedad de mestizos: mulatos, *mamelucos,* cafusos, caboclos, curibocas» [621].

* * *

marabú

Sólo poseo la documentación que Alejo Carpentier nos da en un texto que ya he citado (p. 32), pero en el *Glosario de afron.* [1924], de F. Ortiz, se consigna el término como cubano, aunque no con nuestra acepción. No creo, sin embargo, en la forma del préstamo que apunta.

* * *

mauro. *Perú.* «Los que fueren nascidos de indio, y mauras, o de mauros, y indias» [622].

---

[618] Cfr. Ciro Bayo, *Voc. prov. Argent.* [1906], s.v.: «zambos brasileños».
[619] *Vid.* p. 78.
[620] Cfr. Jorge C. Blanco, *Manuel de Nóbrega,* en el «Boletín de la Academia Argentina de Letras», XXIX, 1964, p. 299.
[621] M. Vargas Llosa, *La guerra del fin del mundo,* Barcelona, 1981, p. 40.
[622] *Summario de los privilegios y facultades concedidas para los indios* [1608], apud González Holguín, *Vocabulario de la lengua general de todo el Perú,* edic. de Lima, 1952, p. 696 b.

Se trata de un cultismo que viene a identificar, según es sabido, *mauro* con *negro; baste recordar el Concilio III de Méjico [1585]: «Inde etiam, et Mexici, tam ab Indies, quam a Mauris, necnon abilis, qui ex altero parente Aetiope nascuntur descendente im primo gradu, ne ad ordinis nine magno delectu, non admitantur» [623].

* * *

mediopelo. *Méj., Col.* Mulato [624].

No tengo más documentación que la de los diccionaristas.

* * *

mequimixto. *Mej.*

Aparece el término en las *Ordenanzas del Baratillo,* pero no se da «explicación y antecedentes» [625]. Se trata de un cultismo formado por *mixto* 'mezclado' y *mequi*, genitivo sobre *(chichi)- meco* 'indio de ciertas tribus que poblaron el norte y el oeste de Méjico'. No ovidemos que en los cuadros de mestizaje aparecen retratados estos «indios *mecos,* nombrados apaches» [626] y que los *(chichi)mecas* eran indios salvajes que durante siglos vivieron en estado independiente [627].

No hay documentación en el *Dicc. Hist.* de la Real Academia.

* * *

[623] Edic. 1622, f. 10.
[624] Santamaría [1942]; Alario Di Filippo, *Colom.* [1964], p. 212 *a*; Kany, *Semántica,* p. 33.
[625] León, p. 24, y copia Pérez de Barradas, p. 237, § 90.
[626] Por ejemplo, Hamy, p. 107, § 16.
[627] Alamán, p. 28.

mestindio. *Méj.* Cruce de indio y mestiza [628].

Sólo se documenta la voz en «una serie incompleta de siete cuadros del Museo Nacional de Méjico, pintados al óleo sobre láminas de cobre —según Nicolás León— por J. Ignacio Castro, a fines del siglo XVIII» [629]. Es el término que se corresponde con *coyote* y *tresalbo* en otras varias ocasiones, lo que hace pensar en el carácter accidental, y culto, de la voz, pues no aparece nunca en la documentación que manejo. León (gráfico 29) establece la fácil proporción de sangres: 25 % de blanca y 75 % de india.

Carezco de otra documentación sobre el término.

* * *

mestizo. Aplícase con especialidad al hijo de blanco e india [630]. // 2. *Méj.* Hijo de indio y mestiza [631]. // 3. *Yucatán.* Indio [632]. // =**de sangley.** *Filip.* Hijo de chino [oriental] y filipina [633].

---

[628] Virey, II, p. 128 (*mest-indiens*); León, p. 24; *ib.*, núm. 58; Pérez de Barradas, p. 233; Rosenblat, p. 173, § 9.15; *ib.*, p. 178, § j.29; Woodbridge, p. 358.
[629] *Ib.*, p. 172, § 9.
[630] *Avisos* [post. 1766], *Conc. I*, p. 390; Alcedo, *Vocab. voces amer.* [1789], s.v.; Humboldt, p. 89 *b*; Alamán, p. 14, núm. 3; Herrera-Cícero [1895], pp. 87, 89; Blanchard I, p. 62, y II, lám. 11, § 1; Heger, p. 462, § 1; Riva Palacio, p. 472 *a*; *DRAE*, s.v.; Rubio,*Mexic.* [1917], p. 178; León, p. 24 (por error *mestiz*); *ib.*, p. 38; *ib.*, p. 39; *nb.*, p. 40; *ib.*, p. 42; *ib.*, p. 48, núm. 1; Santamaría [1942], s.v.; Valle, *Dicc. nicar.* [1948], s.v.; *Vocab. Periquillo Sarniento* [1949], s.v. *mulato;* Bouton, *Vida rural Uruguay* [1958], s.v.; Pérez de Barradas [1948], p. 233; Friederici [1960], s.v.; Morínigo [1966], s.v.; Woodbridge, p. 358; Korth [1968], p. 298; Solano, p. 13; Calderón, pp. 766-771; Moreno, p. 210; Moreno, *Cuadros*, p. 139. Cfr. Juan B. Olaechea, *El vocabulario racial de la América española y en especial la voz «mestizo»* (*BRAE*, LXV, 1985, pp. 121-132).
[631] Herrera-Cícero 1895], p. 88.
[632] Rosenblat, p. 179, nota.
[633] Retana, *Dicc. filip.* [1921], s.v.

Antes del descubrimiento, la voz ya era conocida en español. Alfonso el Sabio permite atestiguar una documentación muy antigua: «Varaio esse fijo dela ebrea e dell egipciano [...] e en la uaraia aquel *mestizo* denosto a Dios e dixo dEl balsemias e falsedad»[634]. Este testimonio adelanta en más de trescientos años la documentación dada en el *DCELC* (s.v. *mecer*); además se puede aducir algún otro texto anterior al Inca Garcilaso: «luego que vio a Ysmael, mochacho *mestizo*, jugar con el hijo de su señora, lo mandó echar de casa»[635]. Con referencia a animales, el cruce está atestiguado en Lucas Fernández [1515]: «¡Oh hi de puta *mestizo*, / Hijo de cabra y de erizo!»[636].

Las referencias al *mestizo* americano constan ya en Fernández de Oviedo [1535-1557] («los *mestizos* son hijos de christianos e de indios»)[637], pero fue el Inca Garcilaso quien reiteró muchas veces el término: «y lleuando mas adelante esta piadosa consideración, seria noble artificio y generosa industria fauorescer en mi [...] a todos los indios *mestizos* y criollos del Perú»[638], «man-

---

[634] *Gen. Est.*, edic. Solalinde, I, p. 579 b.

[635] Fray Francisco de Osuna, *Norte estados* [1531], f. 162.

[636] *Farsas y Eglogas*, edic. Academia, p. 22. Lógicamente hay documentación posterior: «el nombre de Onotauro se ha dado ya a los animales *mestizos* que se ha supuesto procedían del toro y de la yegua, y ya al producto real o imaginario del asno y de la vaca» (Clavijo y Fajardo, trad. *Hist. Nat.* de Buffon [1785], VII, p. 306), 'animal en el que predominan las características de las razas superiores'; «en el lenguaje rústico se dice *mestizón* 'algo mestizo', con predominio de las características del animal criollo. Son todas, también, expresiones comunes del léxico ganadero argentino» (*Fil.*, V, 1959, p. 149). *Vid.*, también, *España y América cara a cara*, Valencia, 1975, p. 176, nota 76.

[637] Edic. Amador [1851-1855], t. I, p. 105. Cfr.: «algunas criaturas que sean hijas de español y india, que aca se llaman *mestizos*» (Simón, *Noticias Indias Occ.* [1627], p. 246 a), «*mestizo* es el hijo de español y de india» (*ib.*, p. 706 b), «algunos *mestizos*, que son hijos de españoles y indias» (Ordóñez de Ceballos, *Viaje del mundo* [1628], NBAAEE, II, 1905, p. 396 b), «que las indias sean apetecidas de los españoles y destas dos naciones salen *mestizos*» (*Codoin Am.*, t. VI, p. 244).

[638] *Florida* [1605], f. 19v.

Mestiza. Lámina núm. 42. Trujillo del Perú. Tomo II

dó a dos soldados naturales de la isla de Cuba, *mestizos*, que assi nos llaman en todas las Indias Occidentales a los que somos hijos de español y de india, o de indio y española» [639], «no falta habilidad a los indios naturales y sobra capacidad a los *mestizos*, hijos de indias y españoles o de españolas e indios, a los criollos, oriundos de acá, nascidos y connaturalizados allá» [640].

Suele ser lugar común el de aducir los valores negativos que el mestizo tiene. Era una creencia arraigada según hemos visto en el texto de Lucas Fernández, que he aducido: el mestizaje se consideraba fruto de la lascivia, y así Ginés Pérez de Hita escribiría en las *Guerras civiles de Granada*: «cualquiera que en mi honestidad pura, limpia y casta pusiere alguna falta, miente, y no es caballero, sino villano, vil y de bajos pensamientos, *mestizo*, infame y mal nacido, indigno de entrar en el real palacio» [641]. Con estas ideas no extraña que Cervantes de Salazar creyera que los indios «son amigos de vil gente, y así se hallan mejor con los negros, mulatos y *mestizos* que con los españoles» [642], que Gutiérrez de Santa Clara, refiriéndose a unos muchachos que enviaban a España, dijera que «eran de baxa ralea y de escuro linaje, por ser *mestizos*» [643]. En las Indias, los *mestizos* eran «compelidos a seruir y aprender oficios» [644] y, en

---

[639] *Ib.*, f. 53 r, a. En los *Comentarios reales* [1609] repite casi las mismas palabras: «a los hijos de español y india, o de indio y española, nos llaman *mestizos*, por dezir que somos mezclados de ambas naciones» (f. 255).

[640] *Hist. Perú* [1617], edic. 1944, p. 10. Cfr. «todos éramos *mestizos*, hijos de español y de india» (*Hist. Perú*, p. 275). En los *Orígenes de la novela*, Menéndez y Pelayo se creyó en la necesidad de puntualizar: «[el Ynca Garcilaso] no era criollo, sino *mestizo*, hijo de un conquistador y de una india principal descendiente de Huayna Capac» (NBAAEE, I, p. CCCXC).

[641] Parte I, cap. XIV. Guillén de Castro habla de la «crueldad *mestiza*» (*Obras*, edic. Acad., t. I, p. 213 a).

[642] *Crónica Nueva Esp.* [1560-1567], edic. 1914, p. 33. Mejor habría que pensar en la marginación de todos estos grupos.

[643] *Hist. guerras civ. Perú* [c. 1600], edic. 1904, t. I, p. 301. *Vid.*, también, Rosenblat, p. 141.

[644] Herrera, *Descrip. Indias* [1601], p. 90 b.

la Iglesia, no podían ser ordenados sino de menores, pues había sido prohibido que lo estuvieran «in sacris» [645]; constituían la tercera clase de la sociedad (tras los peninsulares y criollos; antes de los negros) [646] y, ya en el siglo XVIII, se vio en el mestizaje «una de las causas de la disminución de los indios» porque la casta de los *mestizos* «abunda muchísimo en América» [647] y en el siglo XX, un argentino, R. Rojas, los ha considerado «meollo de la raza hispanomaricana» [648] y B. Mena Brito, «la auténtica fuente de inspiración de este continente» [649].

Mestizo significó, y significa muchas veces, cualquier resultado de cruces humanos [650]. Vicente Espinel habla de «un valeroso mancebo *mestizo* portugués y indio» [651]; Zorrilla de San Martín, de un mestizo que «no lo era de indigena de ese continente» [652]; la Pardo Bazán de «un *mestizo* de francés y catalán» [653]. La idea de mezcla ha predominado por doquier: en lo antiguo se habló de «la *mestiza* arenga / de dos lenguas compuesta» [654]; del célebre sevillano Juan Pareja, Palomino dijo que era «de generación *mestizo* y de color extraño» [655]; Torres Villarroel complica algo más las cosas y habla «un idioma criollo, lenguaje *mestizo* de español y lusitano» [656]. Tras estos documentos ya no extraña que la confusión se cumpliera y sólo resultara claro que *mestizo* era el fruto de cualquier mezcla, o el producto de cualquier margina-

---

[645] Araneda, *Hist. iglesia Chile* [1968], pp. 14, 71, 88, *passim*.
[646] Ciro Bayo, *Voz. prov. Argen.* [1906], s.v. Hoy «forman el proletariado de las ciudades» (*ib.*, *Chuquisaca* [1912], p. 189).
[647] Alcedo, *Vocab. voces Amér.* [1789], s.v.
[648] *Blasón* [1910], edic. 1941, p. 113.
[649] *Paludismo* [1940], p. 140.
[650] Vid. Boxer, *Woman* [1975], p. 136, s.v.
[651] *Marcos Obregón*, BAAEE, XVIII, p. 171 a.
[652] *Epopeya* [1917], II, p. 26.
[653] *Cuentos de Marineda* [1892], *Obras completas*, t. V, p. 171.
[654] *Carta* de Antonio López de Vega [1634], apud *Apistolario* de Quevedo [1945], p. 1756 b.
[655] *Parnaso* [1724], edic. 1936, p. 218.
[656] *Sueños morales*, apud *Obras* [1794], t. X, p. 211.

ción, sin hilar delgado en la forma en que los cruces o el abandono se hubieran producido. Así en un *Memorial* de J. M. Méndez [1829] se trata de explicar las cosas: «no se conocen originarios de Africa, y que los llamados mulatos no son más que la casta de indios degenerada por la mezcla con blancos de Europa, que son propiamente *mestizos* y, como indígenas, ni visten, ni calzan» [657]; que Payró aclare que «Luis Fernández [...] se llamaba el indio, o más bien el *mestizo*, pues era hijo de un aventurero español que había seducido y abandonado a su madre» [658], «la emancipación [...] fue realizada por el cholo de las ciudades y el gaucho de los campos, *mestizos* a quienes el nuevo dogma directamente beneficiaba» [659].

En cuanto a otras acepciones de *mestizo* como casta, tendríamos que enlazar con las líneas anteriores para entender el sentido de algún valor nuevo. Como *mestizo* se designó cualquier grupo marginado, pero, también, se vio en el mestizo la posibilidad de mejorar la condición social del indio; de ahí que *mestizo* se vea como en un peldaño más alto de dignidad. Y así V. M. Suárez en su libro sobre *El Español de Yucatán* [1945] diga que *mestizo* es la «persona que lleva el traje típico regional: Juana era *mestiza* [='india'], pero ya se vistió» (p. 140).

En cuanto a los *mestizos de sangley*, «son muchos miles; constituyen una clase social de verdadera importancia» y descienden de chinos asiáticos que constituyeron un batallón de mestizos y algún gremio en Binondo [660].

La iconografía se hizo cargo de estos tipos humanos tan frecuentes y es raro que falte el mestizo al comenzar cada cuadro de la serie. Los mestizos visten a la española [661] y son comer-

---

[657] *Capitanía Guatemala* [1889], p. 16.
[658] *Falso Inca* [1905], edic. 1952, p. 90.
[659] Rojas, *Blasón* [1910], edic. 1941, p. 76.
[660] Retana, *Dicc. filip.* [1921], s.v.
[661] Blanchard II, ilustración núm. 2. Descripción más minuciosa del lienzo, en León, p. 49, núm. 2.

ciantes en paños [662]; en las bellas escenas que pintó en Méjico Luis de Mena, el mestizo aparece totalmente asimilado a las formas europeas [663], mientras que en una serie incompleta del Museo de América, el mestizo sólo se descubre en un muchachito bien ataviado, que se está probando un zapato en una escena de compras, muy bellamente dispuesta: la madre *(india)* viste lujosamente a la española [664]. El grupo anónimo del mismo Museo es convencional, tanto por el paisaje como por las construcciones; el español y el mestizo visten muy a la europea, mientras que la madre india, aún no está totalmente asimilada a la vestimenta occidental (lám. 50); en el cuadro siguiente, todo sigue la misma pauta del convencionalismo y la madre mestiza da de mamar al niño. Ahora la mujer se muestra asimilada a la nueva tradición cultural, incluso una goyesca redecilla le recoge el cabello y su piel es muy clara, como si se recordaran aquellas palabras del P. Bernabé Cobo («hay algunos *mestizos* [...] muy blancos» [665]), corroboradas siglos después por Humboldt: «Su color es casi perfectamente blanco, y su piel de una transparencia particular. Su poca barba, manos y pies son pequeños, una cierta oblicuidad de los ojos, anuncian la mezcla de la sangre india, más bien que la calidad del pelo» [666].

* * *

montañés. *Perú.* Mestizo.

La acepción debió estar muy limitada en el tiempo y en el espacio: sólo poseo un par de documentaciones; en la *Relación*

---

[662] León, p. 43 (núm. 2); Rosenblat, lám. 2.
[663] *Pint. colonial*, lám. 26.
[664] *Pint. colonial*, lám. 46.
[665] *Hist. Nuevo Mundo* [1653], edic. Sevilla, t. III (p. 18). En Brasil hay una casta, el *mestizo claro*, resultado del cruce de caribe y blanca (Santamaría [1942], s.v.).
[666] Libro II, cap. VII, pp. 89 *b*-90 *a*.

que hizo Francisco Ortiz de Vergara de su viaje del Río de la Plata al Perú [1565], se ofrece preciosa información: «saqué ciento y veinte españoles de guerra, y treinta mancebos *montañeses* que en otras partes de Indias llaman *mestizos*» [667].

El cambio semántico estaría amparado por el significado de *montañés* en nuestra lengua ('montaraz, silvestre, habitante de los bosques'). Lógicamente, el aislamiento de la vida urbana les hizo ariscos e inciviles, de donde pudo venir la acepción negativa que recoge Garcilaso [668]. Pensemos que no eran extraños textos como éstos: «una moça *montañesa*, bronca, çafia y pesada, encogida, lerda y tosca» [669], «es un *montañés* más simple / que Pero Grullo y Panarra» [670]. Creo que en juicios como éstos se inspira el viejo refrán: «El *montañés* por defender una necedad, dice tres». Como es lógico, nada de esto tiene que ver con una figura llena de nobleza y prestigio en nuestra historia cultural, me refiero al *montañés* hidalgo, habitante de la zona llana de la provincia de Santander [671].

* * *

moreno. *Negro* [672]. // *Cuba*. Hijo de negro y negra libres [673]. // 3. *Cuba*. Cualquier individuo comprendido entre las clases que van de mulato exclusive hasta negro [674].

---

[667] *Codoin Am.*, IV, p. 378.
[668] Más de la región del Cuzco, tan llena de ásperas montañas: «en el Cuzco y demás ciudades de la sierra» (p. 322).
[669] *Pícara Justina*, edic. Puyol, p. 134.
[670] Moreto, *Comedias*, BBAAEE, XXXIX, p. 59 a.
[671] «Llaman *la Montaña* a la tierra llana [...] y *montañeses* a sus habitantes» (Pereda, *Peñas arriba* [1895], p. 141).
[672] Rosenblat, p. 179, nota; Kany, *Samántica*, p. 33.
[673] Rosenplat, p. 179, nota.
[674] Malaret, *Errores* [1936], s.v.; Santamaría [1942], s.v.

Moreno es un eufemismo que, para designar al hombre 'negro', se encuentra en la vieja literatura española. Podríamos aducir ejemplos egregios y otros muchos menos ilustres. Se trae y se lleva aquel verso de Castillejo en el que ya se da nuestra equivalencia [675], pero los testimonios abundan: en el *Lazarillo* [1554], en Cabrera de Córdoba [1619], en Cervantes [1613], en Cascales [1626], en Tirso, en Jiménez Patón [1639], en Barrionuevo [1656] [676]. En Quevedo [1622] se produce no sólo un eufemismo sino uno metáfora más compleja, que, creo, no siempre se ha entendido: como el ejemplo de los cornudos es para él Diego Moreno [677], *moreno* pasa a ser el 'marido engañado'. Culminando muchas alusiones, puedo aducir ésta ejemplar: «¿No sabías que todos los *Morenos,* aunque se llamen Juanes, en casándose de vuelven Diegos, y que el color de los más maridos es *moreno*?» [678]. La traducción de *nigra* en un célebre pasaje de la *Vulgata* («*nigra* sum, sed formosa») [679], tuvo su corresponden-

---

[675] «Cuan ajeno / estáis en eso, Fileno, / de lo que debéis sentir, / si pensáis ser mal decir / llamar al negro *moreno*» (cit., entre otros, por Malaret, *Supl.* [1944], s.v.).

[676] «Frecuentando las caballerizas, ella y un hombre *moreno* de aquellos que las bestias cuarauan, vinieron en conoscimiento» (*Lazarillo,* Clas. Cast., núm. 25 (pp. 69-70), y el «conoscimiento» fue el hermanillo mulato de Lázaro; «mauroforo o *moreno* color» (Cabrera, *Hist. Felipe II*, t. I, p. 100), «enseño a tañer a algunos *morenos,* y a otra gente pobre, y ya tengo tres negros esclavos de tres veynticuatros» (*Celoso extr.*, f. 143), «se le da el apelativo, no apellido, de *Moreno,* que entonces solía ser sinónimo de esclavo» (Cascales, *Cartas,* edic. Clas. Cast., núm. 118, p. 243), «la noche *morena* y zarca» (Tirso, *Santa Juana,* edic. NBAAEE, IX, acto I, escena XIII, p. 247 *a*), «crespo o enriçado de diferente manera, como nudos y sortijas naturalmente tienen el cabello los etiopes […] estos y los demás, o bermejos o *morenos* no son culpables» (Jiménez Patón, *Disc. de los tufos* [1639], f. 46 v.), «mucho se parece el modo de esta Reina a la de Saba, […] siendo aquella por lo *moreno,* la noche, y ésta, él alba» (Barrionuevo, *Avisos,* Escrit. Cast., XCVI, p. 287).

[677] *Vid.,* antes, p. 75.
[678] Edic. Astrana Marín [1945], p. 254 *a*.
[679] *Cant. canticorum,* I, 4.

cia en el *morena* con que fray Luis de León y San Juan de la Cruz vertieron la voz, tanto en prosa como en verso [680], pero *negra* no fue desestimada por el gran poeta agustino: «*Negra* soy, mas hermosa» [681].

Teniendo en cuenta estos antecedentes, no es extraño que *moreno* como 'negro' pasara a América: *moreno etíope* o *morena esclava* son, respectivamente, 'yanaruna nigro' y 'yanaarimi nigra hihuatha' en el *Vocabulario aymara* [1612] de L. Bertonio para quien, además, son sinónimos *moreno color* y *negro* (f. 321 a). En los historiadores se repite el mismo eufemismo; de los varios testimonios que tengo de Alonso de Ovalle [1646] voy a recoger uno, que muestra una cierta ordenación social que luego se repetirá en otras partes [682]: «las congregaciones están muy bien entabladas y muy lucidas. Acuden todos los domingos casi a un mesmo tiempo cada uno a la suya: los caballeros [...] a la de Nuestra Señora de Loreto; los estudiantes, a la de la Concepción; los indios, a la del Niño Jesús, y los *morenos*, a la del pesebre de Belén» [683].

Es natural que, con tantos y tantos antecedentes, el eufemismo arraigara en América [684]: escritores y diccionaristas hicieron un

---

[680] En la *Perfecta casada* hay un eco («aunque sean *morenas* son hermosas», edic. 1583, f. 47 v), por su parte, el santo carmelita, en el *Cántico espiritual* [1578], dejó su testimonio en una lira de increíble belleza («No quieras despreciarme, / que si color *moreno* en mí hallaste, / ya bien puedes mirarme, / después que me miraste, / que gracia y hermosura en mí dejaste», edic. 1942, p. 498), y, en la prosa, mucho más ceñida al texto sagrado, se repite la adjetivación: «Aunque soy *morena*, oh hijas de Jerusalén, soy hermosa» (*Comentarios* a la *Noche oscura*, edic. 1912, t. II, p. 122).

[681] Aunque la preferencia de este adjetivo parece estar condicionada por la interpretación teológica que sigue: «*Negra* por el desastre de mi culpa primera» (*Nombres Cristo* [1583], f. 216 v). Cfr. Sor Juana Inés de la Cruz: «Mira que aunque soy *negra* soy hermosa» (*Antol. poetas america.*, I, p. 30).

[682] Pienso, por ejemplo, en Caracas (Rosenblat II, p. 77).

[683] *Hist. Chile*, f. 341 a.

[684] Kany, *Semántica*, p. 33.

tópico de él, y lo encontramos en mil ocasiones diferentes: V. J. Betancourt [1875], *Martín Fierro* [1878], Soto Calvo [1899], J. A. Corraes [1910], M. F. Suárez [1925], Silva Valdés [1945], F. Ortiz [1963], etc. [685]. Por otra parte, *moreno* 'negro' consta en las monografías y diccionarios de Vergara [1929], Malaret [1936], Guarnieri [1957-1968], Flórez [1963], Fernández Naranjo [1964], etc. Es decir, desde Costa Rica a la Argentina, cuando menos.

En cuanto a considerar *moreno* a cualquier hombre que tuviera sangre negra (3.ª acep.) podríamos autorizarlo con el *Diario* de J. Francisco Aguirre [1793]: «La gente de servicio es de las clases *morenas*» [686].

Moreno tuvo una irradiación semántica hacia el campo de 'negro', totalmente distinta a la considerada en líneas anteriores [687]. Pienso en el *Viaje de España* de Antonio Ponz, donde cuidadosamente se anota algo que ha venido a comprobar la dialectología actual. Dice el tratadista dieciochesco: «*moreno* [...] no es otra cosa que carbón molido conque se curan las heridas que los esquiladores suelen hacer a las reses con las tijeras» [688]. Si pasamos a nuestro siglo encontramos *moreno* «polvo de carbón mezclado con vinagre, que usan los esquiladores de ovejas para curarles las cortaduras» [689] (Segovia, Badajoz, Salamanca, Soria).

* * *

---

[685] Betancourt, *Artículos* (edic. 1941), p. 220; *Martín Fierro* (edic. 1924), p. 251; Soto Calvo, *Glos.*, p. 11; J. Corrales, *Crónicas*, edic. 1938, pp. 10, 12 («*moreno*s de Malambo», ambas veces); M. F. Suárez, *Sueños*, p. 302; Silva Valdés, *Cuentos urug.*, p. 32; F. Ortiz, *Contrapunto cubano*, p. 84. Incluso algún narrador peninsular al evocar un pasado histórico escribe: «Gibraleón es la capital de los *morenos* andaluces, el corazón de la ceceante *negrería* huelveña» (Cela, *Primer viaje andaluz* [1959], p. 372).

[686] Edic. 1949, t. I, p. 258.

[687] El carácter eufemístico del empleo lo considera Rosenblat, p. 157.

[688] Edic. 1785, t. X, p. 190.

[689] Vergara, *Cuatro mil palabras* [1925], s.v., y definiciones semejantes en Santos Coco (*Voc. Extremeño*, RCEE, XIV [1940], p. 162), Cortés

morisco. *Méj.* Descendiente de mulato y europea [690].

En los cuadros que representan a las castas que estamos estudiando, el *morisco* mejicano aparece con casaca, calzón corto y tricornio, bien que con un gallo en los brazos [691], o la *morisca* con atuendo cortesano español [692]. En otra colección mejicana, el niño morisco es hijo de un tendero castellano, y viste a la manera española, mientras que la morisca va ataviada con el atuendo típico de una mujer dieciochesca [693]. Hamy describió a un *morisco* que era torcedor o cigarrero.

Es evidente que *morisco* procede de *moro,* y no es ésta la ocasión de enfrascarnos en disquisiciones sobre un grupo social muy bien conocido en la historia de España. Lo que ahora nos sirve es recordar cómo Nebrija [1492] da 'gallina morisca' por *numidica* [694] y que Jerónimo de Huerta al traducir a Plinio dice

---

(*Ganadería y pastoreo en Berrocal de Huelva, RDTP,* VIII, 1952, p. 447), Manrique (*Vocab. pastoril de Yanguas* [1954] y *Voc. pop. Duero y Ebro* [1956].

[690] Varey (II, p. 129); Herrera-Cícero [1895], p. 88; Hoyos, *Lecc. Antrop.* [1900], III, p. 314; Hamy, p. 101, núm. 5; Blanchard I, p. 62, y II, lám. XI, § 5; Heger, p. 462, § 5; Riva Palacio, p. 472 *a*; Rubio, *Mexic.* [1917], p. 177; León, p. 38; *ib.,* p. 40; *ib.,* p. 43 (núm. 5); *ib.,* p. 50 (núm. 5); Aranzadi, p. 1092 b; Pérez de Barradas, p. 233, § 25; *Vocab. Periquillo Sarniento* [1949], s.v. *mulato*; Rosenblat, p. 168, § 1.5; *ib.,* p. 169, § 2.3; *ib.,* § 3.5; *ib.,* p. 170, § 4.7; *ib.,* § 5.5; *ib.,* p. 171, § 6.5; *ib.,* p. 175, § d.4; *ib.,* p. 176, § h.5; *ib.,* p. 177, § i.5; *ib.,* p. 178, § j.31; Woodbridge, p. 358; Solano, p. 13; Moreno, p. 211; Moreno, *Cuadros,* p. 140; Kany, *Semántica,* p. 33. Sin definición, la voz consta en los *Avisos* (post. 1766), p. 390.

[691] Blanchard II, lám. XI, § 6; también en León, p. 43 (núm. 6), y en Rosenblat, lám. 6.

[692] *Pint. colonial,* lám. 26. Es muy bella la morisca del museo de Méjico (Blanchard II, lám. VI).

[693] *Ib.,* láms. 54 y 55.

[694] También, «*morisco* cosa de moro. mauritanus. a. um».

que «algunos llaman [a las gallinas] *moriscas*, por auerlas traido de Africa» [695]. Estamos, pues, en la misma línea que ha hecho evolucionar *moro* hasta *moreno* y que éste significara 'cierto tipo de mulato' [696]; en este caso, como en el que ahora me ocupa, la sangre negra que hay en los *moriscos* ha sido la causa para que se haya motivado el condicionamiento, que, es obvio decirlo, estuvo favorecido por los *moriscos* peninsulares ('moros bautizados'>'ciertos mulatos bautizados'). A mi modo de ver, carece de sentido pensar que la denominación procede de los *gatos moriscos* mejicanos, porque tienen tres colores (amarillos, blanco y negro), cuando, precisamente, los *moriscos* sólo son mezcla de dos sangres (75 % blanca y 25 % negra) [697].

Los textos de que dispongo no son muy abundantes ni precisos en cuanto al mestizaje [698], y los diccionaristas también son muy parcos [699]. Por otra parte, algún cambio semántico ('persona o animal enjuto de carnes y huesudo') [700] estaría inspirado por la imagen que los españoles tenían de los moriscos [701].

* * *

---

[695] Edic. de 1624, t. I, p. 707.

[696] Kany, *Semántica*, p. 33.

[697] León, gráfico 31, p. 25.

[698] «Se avia mostrado muy prudente y sagaz en las bravas alteraciones que los *moriscos* avian levantado» (Gutiérrez de Santa Clara, *Hist. guerras civiles Perú* [a. 1600], edic. 1904, t. IV, p. 11 *b*); «las mugeres [...] tienen los rostros más a manera de *moriscas*, que de indias» (*Codoin Amér.*, III, doc. de 1541, p. 366), «residen indios, esclavos, negros y mulatos, y *moriscos* y negras» (*ib.*, t. VII, doc. del siglo xvi, p. 381).

[699] Rubio, *Mexic.* [1917]: «más que este vocablo, se usó mucho tiempo, cuarterón para designar al hijo de mulato y española [...] pero actualmente no puede tener entre nosotros ningún uso por falta de aplicación» (p. 185). Le siguen Malaret, *Errores* [1936], y Santamaría [1942].

[700] Medina, *Chilen.* [1928], s.v. en quien se inspira Santamaría [1942].

[701] Cfr. Julio Caro Baroja, *Los moriscos del reino de Granada*, Madrid, 1957.

Mulata. Lámina núm. 46. Trujillo del Perú. Tomo II

mulato. Persona nacida de blanco y negra [702]. // 2. *Cuba.* Hijo de blanco y mulata [703]. // 3. *Méj.* Hijo de mulato y mestiza, tornatrás [704]. // *Perú.* Hijo de negro e india [705]. // 5. *Sto. Domingo.* Hijo de mulato y mulata [706]. // 6. *Perú.* Hijo de zambo y blanca [707]. // 7. Pueblo indio del oeste de Tejas, bautizado en la misión de San José (1784) [708]. // =**oscuro, prieto.** Casta producida por indio y mulata [709]. // =**pardo.** *Méj.* Hijo de negro e india [710]. // =**tornatrás.** Hijo de mestizo y mulata [711].

---

[702] *DRAE*, s.v.; Alamán, p. 14, nota 3; Herrera-Cícero [1895], pp. 78-88; Hoyos, *Lecc. Antrop.*, III [1900], p. 314; Blanchard I, p. 62, y II, lám. XI, § 4; Heger, p. 462, § 4; Riva Palacio, p. 472 a; Rubio, *Mexic.* [1917], p. 179; Ortiz, *Glos. afron.* [1924]; León, p. 25; *ib.*, p. 38; *ib.*, p. 39; *ib.*, p. 43; *ib.*, p. 50, núm. 4; *ib.*, p. 58; Pérez de Barradas, p. 233, § 24; Rosenblat, p. 168, § 1.4; *ib.*, p. 169, § 2.4; *ib.*, §§ 3-4; *ib.* p. 170, § 5.4; *ib.*, p. 171, § 6.4; *ib.*, § 7.9; *ib.*, p. 174, § b.7; *ib.*, § c.1; *ib.*, § d.3; *ib.*, p. 175, § e.3; *ib.*, § f, primer grado, 1; *ib.*, p. 176, § h.4; *ib.*, p. 177, § i.2; *ib.*, p. 178, § j.32; *Pichardo novísimo* [1953], s.v.; Bouton, *Vida rural Uruguay* [1958], s.v.; Friederici [1960], s.v.; Woodbridge, p. 359; Solano, p. 13; Moreno, *Cuadros*, p. 140. En el siglo XVIII, Mayans había recogido el mismo significado (*Orígenes* [1737], p. 100). La voz, sin definición, en los *Avisos* (post. 1766), apud *Conc. I*, p. 390.

[703] Santamaría [1942], 2.ª acep.; *Pichardo novísimo* [1953], s.v.; Woodbridge, p. 358.

[704] Rosenblat, p. 172, § 8.8.

[705] Garcilaso, *Comentarios* [1600], f. 255 «al hijo de negro y de india, [...] dizen *mulato*»; Rosenblat, p. 173, § a.

[706] Santamaría [1942], 3.ª acep.

[707] *Ib.*, 4.ª acep.; Woodbridge, p. 358.

[708] John Stoutenburgh Jr., *Dictionary of the American Indian*, Nueva York, 1960, s.v.

[709] En Virey, § 10 (2.º grado), *mulatre foncé;* León, lám. 33; Pérez de Barradas, p. 237, § 91; Rosenblat, p. 175, § f, 2.º grado, 10; *ib.*, p. 178, § j.33; Woodbridge, p. 359.

[710] Moreno, *Cuadros*, p. 141; Woodbridge, p. 359.

[711] Santamaría [1942], s.v. *mulato;* Woodbridge, p. 359.

La primera acepción es universalmente conocida y se repite reiteradamente, según puede verse en la nota 1 [712]. Las restantes son matizaciones que suelen darse de manera esporádica y en las que figura siempre un ramal de sangre negra. El significado procede de una comparación con el mundo zootécnico (<*mulo* + -*ato*, sufijo que se aplica a las crías de los animales) [713], por cuanto el *mulo* es «una generación híbrida» [714]. Ortiz ha expuesto otras etimologías y aun ha aventurado una más: *muladí*, por razones fonéticas insalvables, no puede aceptarse; ni puede ser palabra mandinga, como sugiere el investigador cubano, porque antes de que hubiera esclavos negros en América, la voz ya se conocía en castellano, según consta por documentación indirecta (*DCELC*, s.v. *mulo*). Todavía para Franciosini [1620], *mulato* era el 'moro bianco, cioè figlio di moro e di donna bianca, ò al contrario' y el Inca Garcilaso había escrito un texto en el que, creo, debe interpretarse el uso americano como una traslación de los hábitos europeos: «llaman *mulato*, como en España, a los hijos de negro(s) y de india o de indio y de negra» [715].

Abunda la documentación de la voz en enumeraciones étnicas, sin precisar más las cosas [716], y no escasea la literaria, desde Bernal Díaz del Castillo hasta Miguel Angel Asturias [717]. Hay concien-

---

[712] «De la mezcla destos [negros] con gente blanca, han resultado *mestizos*» (*Codoin Amér.*, VI, p. 224).

[713] *DCELC*, s.v. *mulo*, y documentación distinta de la que aquí aduzco. También Friederici, s.v., acepta la etimología.

[714] La propuesta ya figura en la *Histoire générale des Antilles habitées par les français*, París, 1667, t. II, p. 512.

[715] *Florida* [1605], f. 53 r, a.

[716] *Codoin Amér*. [1580], t. III, p. 494; *ib.* [s. xv(], t. VII, p. 381; *ib.* [s. xvi], t. II, p. 31; *Col. docs. obispado Quito* [1587], p. 309; *Actas Cabildo Santiago Chile* [1622], edic. 1902, p 78.; Concolorcorvo [1773], edic. 1946, p. 176; Fernández de Lizardi, *Periquilo* [edic. 1949], I, p. 21; Ortiz, *Contrapunto cubano* [1963], s.v.

[717] Bernal Días del Castillo, *Hist. Nueva España* [c. 1568], edic. 1904, II, p. 424; Simón, *Noticias Indias Occ.* [1627], 223 a; Sarmiento, *Prosa* [1842], edic. 1943, p. 150; *Facundo* [1845], edic. 1952, p. 24; Montalvo,

cia de la dilución de la sangre negra «en una hermosa progenie de zambos y *mulatos*» [718] o en una caterva de cruces no fácilmente identificables [719].

A través de los autores se puede ir recogiendo una teoría de rasgos que afectan a los mulatos; son características biológicas, unas; otras, psicológicas. Ya Antonio de Alcedo en su *Vocabulario* [1789]) había señalado que «luego que nacen se conoce en una manchita que sacan en las partes de la generación, porque entonces todos salen blancos amoratados» (s.v.). En cuanto a las condiciones sociales, se les consideraba «viles y bajos» [720], inferiores a los blancos [721], imaginativos y ambiciosos, desleales [722], listos y amables [723], forajidos de pésima traza y catadura [724]. Que los condicionantes negativos venían de lejos, es algo sabido: las *Ordenanzas de la Armada* no admitían como soldados a *mulatos*, berberiscos ni esclavos [725].

Junto a cierta idealización en los tipos [726], otros pintores re-

---

Siete tratados [1882], p. 93; Gallegos, *Trepadora* [1943], p. 87; *Asturias, Papa Verde* [1952], edic. 1966, p. 74.

[718] Sarmiento, *Prosa*, edic. 1943, p. 150.

[719] «Los [...] zambos, *mulatos*, cuarterones y quinterones [...] si entendiesen de genealogía pudieran probarle [...] que sus abuelas fueron hermanas» (Montalvo, *Siete tratados* [1882], I, p. 93).

[720] «Cuando Egas de Guzmán lo supo, envió a dezir a Pero Núñez que pues los desafiados y él eran, caballeros hijosdalgo, no permitieran llevar por su padrino a un hombre tan vil y baxo, hijo de una *mulata*, vendedora que actualmente estava vendiendo sardinas fritas en la plaça de San Salvador, en Sevilla» (*Hist. Perú* [1617], Edic. 1944, t. III, p. 63).

[721] Ganivet, *Trabajos Pío Cid* [1898], p. 165.

[722] «La sociedad del virreinato argentino hallábase constituida [...] por el descendiente de ario y de africano, que se llamaba *mulato*, hombre imaginativo y ambicioso, sobre cuya lealtad pesaban injustos prejuicios» (Rojas, *Blasón* [1910], edic. 1941, p. 113).

[723] Levillier, *Tienda Espejos* [1921], p. 217.

[724] Gálvez, *Gaucho Cerrillos* [1930], edic. 1950, p. 38.

[725] Barcelona, 1678, f. 20 v. *Vid.* otros datos de Rosenblat, pp. 161-166.

[726] Grande en la tela mejicana que pintó Luis de Mena en el siglo XVIII (*Pint. Colonial*, lám. 26). La pintura núm. V de Blanchard II, es una apacible escena doméstica; descrita también por León, p. 50, núm. 4.

currieron a escenas que acreditan la insolidaridad de las dos razas: un anónimo mejicano del siglo XVIII, nos legó una graciosa escena en la que la negra ataca violentamente a su marido blanco [727], mientras la niña mulata intenta restablecer el orden; en el lienzo siguiente, la mulata, está revestida de serena dignidad [728].

Los cambios semánticos que, en América, ha experimentado la palabra *mulato* son fácilmente explicables: 'persona de cabello crespo', 'bajo, ruin' [729]; 'metal intermedio entre el bermejo y negro' [730].

La sangre del *mulato* tiene 50 % de blanca, 50 % de india y 25 % de negra [731].

* * *

negro. *Perú.* Cruce de negro y zamba prieta [732]. // =**criollo.** *Perú.* Negro nacido en las Indias, en oposición al guineo [733].

La acepción de este tipo de mulato es comparable a la que ha determinado el mestizo *blanco*: sólo un 12,5 % de la sangre no tiene origen negro. El uso, referido a 'persona de color moruno' parece estar vivo hoy [734].

---

[727] *Vid.* descripción de otra escena semejante en León, p. 60.

[728] *Pint. colonial*, láms. 53 y 54, respectivamente. En un cuadro descrito por León (p. 43, núm. 5) el mulato tiene por oficio el de cochero.

[729] Solá, *Dicc. Salta* [1947], s.v.

[730] Alonso Barba, *Arte metales* [1640], f. 29 v. Domina siempre la idea de mezcla, como en el *Contrapunto cubano* [1963], de F. Ortiz: «el azúcar fue *mulata* desde su origen, pues en su producción fundiéronse siempre las energías de blancos y negros».

[731] León, gráficos 32 y 33.

[732] Rosenblat, p. 175, § e.10.

[733] «Quiere dezir entre ellos [los negros] *negro* nascido en Indias: inventáronlo para diferenciar los que van de aca [España] nascidos en Guinea de los que nascen alla» (Inca Garcilaso, *Coment.* [1609], f. 255). Cfr. C. A. Herrera, p. 4, y Calderón, pp. 778-780.

[734] Cova, *Venezolanismos* [1956].

Negro, fórmula de tratamiento usada «entre casados, novios y personas que se quieren bien», tiene mayor difusión de la que señala el *DRAE,* pues —al parecer— se emplea en Argentina, Chile, Costa Rica, Cuba, Puerto Rico, El Salvador, Venezuela, Colombia [735]; incluso algunos autores estiman que el término está generalizado [736]. A pesar de que Malaret considere que *negro* se usa en Andalucía [737], no creo que pueda convertir, ni mucho menos, en general un uso sumamente restringido [738].

* * *

notentiendo, adj. *Méj.* Descendiente de tentenelaire (4.ª acep.) y mulata [739].

El *notentiendo* es de color moreno claro [740] y su condición social era baja: iba semidesnudo, caminaba descalzo, tenía barba rala y podía ejercer de vendedor ambulante de zapatos [741]. Su

---

[735] Cito los diccionarios por orden cronológico: Gagini, *Dicc. Costa Rica* [1893]; Segovia, *Dicc. argent.* [1911]; Suárez, *Voc. cubano* [1921]; Malaret, *Supl.* [1944]; Sánchez Camacho, *Dicc. Sant.* [1958], p. 83; Tobón Betancourt [1962]. Referencias a varios países en Alvarado, *Glos. bajo esp-Venez.* [1929], edic. 1964, s.v.

[736] Morinigo [1966], Deive [1977].

[737] Con citas de Múgica y Toro Gisbert (*Fe de erratas* [1923], s.v.).

[738] Es ajeno a este vocabulario el problema de la esclavitud negra y las mil connotaciones que implica; basten unas escuetas referencias bibliográficas, y en ellas se encontrarían los apoyos científicos necesarios: Luis María Ansón, *La negritud,* Madrid, 1971; Enrique Sosa Rodríguez, *Los ñáñigos,* La Habana, 1982; Solano, p. 25.

[739] Herrera-Cícero [1895], p. 90; Riva Palacio, p. 472 *b;* Blanchard I, p. 63, § 15 (2.ª serie), y II, lám. XI, §§ 15 y 16; León, lám. 34 y p. 25: *ib.,* p. 46, núm. 15; Pérez de Barradas, p. 237, §§ 92 y 93; Rosenblat, p. 169, § 2.15; *ib.,* p. 178, § j.34; Woodbridge, p. 359. *Vid.* Moreno, p. 123.

[740] Rosenblat, lám. 15.

[741] Rosenblat, lám. 10; León, p. 46, núm. 16.

progenie era sumamente complicada, pues ateniéndonos, sólo, a la primera acepción del término (salvo en los casos que se especifica en contrario) se llega a una mezcla de sangre verdaderamente compleja, cuanto más si —como es posible— hubieran intervenido en su linaje otras castas aún más mezcladas. Así y todo el *notentiendo* es resultado de estos cruces:

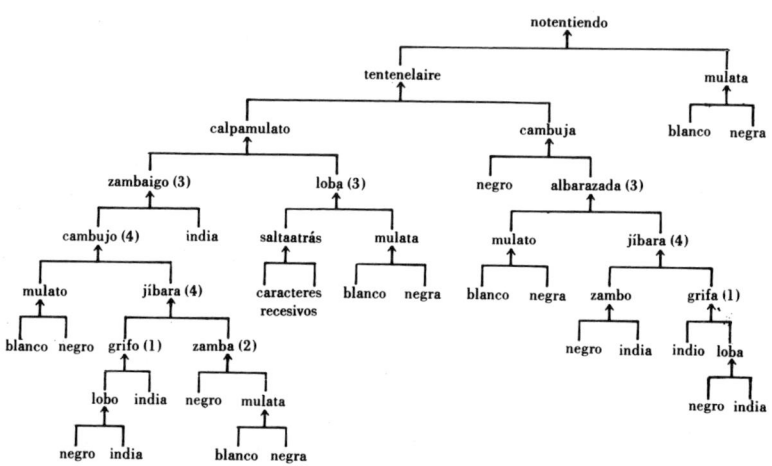

Cierto que, si este es un esquema poco complejo, los que generan los otros tipos de *notentiendo,* justificarán bien a quien bautizó a este casi batiburrillo. En la literatura y en los diccionarios no encuentro documentación de la voz; al menos no aparece en los materiales de que dispongo. Sin embargo, León consignó la complejidad del cruce hasta el extremo de escribir «que no se puede definir con precisión», estableció una fórmula muy simplificada del cruce: 40 % blanco, 10,35 % indio, 49,65 % negro (gráfico 34).

* * *

ñapango. *Col.* Mestizo, mulato [742]. // *Col.* cuarterón [743].

En varios lugares Kany recoge la palabra y aduce como etimología el quechua l l a p a n g u 'descalzo' [744] o y a p a n g u [745] La voz falta en los viejos diccionarios incas (fr. Domingo de Santo Tomás, padre González Holguín, Vocabulario de 1586), que —además— como equivalencia de 'descalzar(se)' presentan *llustini* o *chutquicuni* [*çapatocta*]. Sin embargo, en el dialecto de Ayacucho, hoy existe *llapangu*, precisamente, con la acepción de 'sin zapatos, descalzo' [746].

* * *

octavón. Hijo de blanco y castizo [747]. // 2. Hijo de blanco y cuatralba [748].

Vid. ochavón.

* * *

ochavina. Ochavón, octavón [749].

Vid. ochavón y *octavón.*

* * *

---

[742] *DRAE*, s.v.; Malaret [1931 y 1947], s.v.; Tobón, *Colomb.* [1962], s.v.; J. González, *Contrib. vocab. colomb.* [1964], s.v.
[743] Tascón, *Dicc. Cauca* [1935], s.v.
[744] *Semántica*, p. 32. *Vid.*, también, la 77 (con localización en Cauca, Colombia).
[745] *Ib.*, p. 120.
[746] Pedro Clemente Perroud y Juan María Chouvenc, *Diccionario castellano - kechwa, kechwa - castellano*, Lima [1970], s.v.
[747] Virey, § 12 (tercer grado); Rosenblat, p. 175, § f, tercer grado, 13.
[748] Virey, II, p. 129; León, p. 25; Pérez de Barradas, p. 234, § 32; Rosenblat, p. 175, f. (sigue a Virey) y p. 178, § j.35.
[749] Alcedo [1789], a quien copia León (p. 25).

ochavón. *Cuba, Venez.* Hijo de europeo y cuarterona [750]. // 2. *Méj.* Hijo de blanco y cuatralba [751]. // 3. *Venez.* Hijo de mestizo y cuarterona [752].

Considero conjuntamente la forma latinizante *(octavón)* y la más romanceada *(ochavón)*; el *DRAE* sólo recoge ésta. En el P. Gumilla encuentro la primera documentación, que en el siglo XVIII debió tener cierta difusión, por cuanto se registra en la traducción que Clavijo y Fajardo hizo de la *Historia Natural de Buffon* [753]. El término tiene gran extensión en Cuba, según el testimonio de los diccionaristas aducidos y así no extraña su empleo por Lezama Lima: «el *octavón* tedioso le dejaba sus escapadas», «pasaba tres meses también con la querindanga habanera, untuosa mestiza *octavona*» [754].

El *ochavón* (blanco × cuatralbo) tenía un 87,50 % de sangre blanca y un 12,50 % de sangre india.

* * *

pardo. *Cuba, Puerto Rico, Perú, Arg., Uruguay.* Mulato [755]. // 2. Hijo de negro y negra libres [756]. // 3. *Cuba.* Cualquier indi-

---

[750] Rosenblat, p. 175, § b.3. En Cuba el *cuarterón* es de raza negra (Suárez, *Voc. cubano* [1921], s.v., a quien copia Santamaría [1942], s.v.: Pichardo novísimo [1953], s.v.); Woodbridge, p. 358.

[751] León, p. 25; Rosenblat, p. 178, § j.35.

[752] Gumilla, *Orinoco ilustr.* [1745], I, p. 83.

[753] «De quarteron y de muger blanca sale el *octavon*, menos moreno que el cuarteron [1785], t. V, p. 227.

[754] *Paradiso* [1966], edic. 1974, p. 70; aduzco otro testimonio en la p. 71.

[755] *DRAE*, s.v.; Segovia, *Dicc. arg.* [1911]; Ortiz, *Catauro* [1923], s.v.; Santamaría [1942], s.v.; Saubidet, *Vov. criollo* [1945]; Rosenblat, p. 179, nota. Malaret [1943], *Supl.*, consideraba la voz como anticuada en el Perú. Cfr.: «En general aquí en nuestro país, se llama indistintamente mulatos, todos estos cruzamientos. También se les llama *pardos*» (Bouton, *Vida rural Uruguay* (c. 1931-38), edic. 1958, p. 57); Kany, *Semántica*, p. 33.

[756] *Pichardo novísimo* [1953]. Añádanse las valoraciones de Calderón, pp. 780-781.

viduo comprendido entre las designaciones que van desde mulato inclusive hasta quinterón exclusive [757]. // 4. *Yucatán.* Persona cuyos ancestros fueron indios y negros [758].

La aparición de este eufemismo —en todo paralelo al de *moreno*— está documentada con una antigüedad relativa: Alejandro O'Reylly, en 1765, lo adujo en una cita que se ha traído y se ha llevado mucho («Los blancos ninguna repugnancia tienen en estar mezclados con los *pardos*» [759]). En los diccionarios, hay constancia del carácter eufemístico que tiene la voz en Cuba [760]; tengo datos que van desde el *Vocabulario cubano,* de C. Suárez [1921] hasta el *Pichardo novísimo* [1953] o la información de C. Alzola [761]. Como puede verse en las definiciones aducidas, *pardo* podía representar diversas gradaciones en el color de la piel [762] y no extraña que pudiera ser índice de cualquier mestizaje [763]. Los escritores consideran a los *pardos* como hombres de mala catadura, de infame condición y traidores [764]; en contrapartida, otras veces la palabra carece de connotación y aun se considera

---

[757] Santamaría [1942], s.v.; Rosenblat, p. 179, nota. Creo que en esta acepción podrían incluirse las que dan Guarnieri (*Dicc. rioplat.* [1957-68]: «individuo de color oscuro, mestizo de negro») y Boxer (*Woman* [1975], p. 136, s.v.: «Person of colour; mixed blood, often with the connotation of Negro blood»). Cfr. las varias clases que cita Woodbridge, p. 359.

[758] Reed, *op. cit.,* p. 286 (*Glosario*).

[759] Apud Vicente Palés Matos, *Sobre una poesía antillana* [1933].

[760] Su uso desde 1623, en Rosenblat, p. 157.

[761] «Todos los habitantes decían *hombres de color, pardos, morenos,* porque la palabra *negro* era delicadamente evitada» (*RDTP,* XXI, 1961, p. 367). Cfr.: «Respondió la *parda* [...] como hacían las jóvenes educadas en colegios de dominicas francesas» (Carpentier, *Recurso método,* p. 267).

[762] Y en Tabasco vale hasta para designar al 'individuo de clase humilde y baja condición social' (Santamaría [1942], s.v.; Morínigo [1966], s.v.).

[763] Santamaría [1942], s.v.

[764] M. Gálvez, *Gaucho cerrillos* [1930, edic. 1950], p. 38; A. Uslar-Pietri, *Lanzas Coloradas* [1930, edic. 1967], pp. 35-37.

como positiva la aportación de los *pardos* en la constitución de algunas naciones [765].

El término es uno más de los que el lenguaje de los animales ha prestado al coloquial: en el glosario de Leiden (ss. IX-X) parece designar una 'fiera de color rojizo pardusco'. La generalización de *pardo* como 'de color de tierra' es muy antigua y motivó diversos cambios semánticos ('sayal', 'paño buriel'), que no son difíciles de explicar.

* * *

postizo. *Am. Merid.* Lo mismo que *ochavón*[766] y que *puchuel*[767]. // 2. Cruce de blanco y cuatralba [768].

No tengo más documentación de la voz que la ya aducida en las notas a las definiciones. Desde una idea de 'añadido', que ya constaba en latín vulgar (a p p o s t i c i u s), y que es muy viva en la historia del español, ha podido salir la formación que nos ocupa, si no es creación de otro tipo en la que tuvieran que ver las palabras en *-izo* empleadas para designar diversos cruces *(castizo, chamizo, mestizo)*.

* * *

puchuel. *Méj.* Cruce de español y castiza [769]. // Hijo de mestiza y blanco [770]. // Quinterón de mestiza [771].

Vid. puchuela, -o.

* * *

---

[765] Obligado, *Trad. arg.* [1903], p. 191; Rojas, *Blasón* [1910], edic. 1941, p. 113; Ortiz, *Contrapunto cubano* [1963], p. 371.
[766] Virey, II, p. 129; León, p. 25; Rosenblat, p. 175, § f. tercer grado. 13; Woodbridge, p. 359.
[767] Santamaría [1942]: «Hijo de castiza y blanco».
[768] Rosenblat, p. 175, § tercer grado. 13.
[769] Blanchard II, p. 51, nota 1, según el *Concilio III Provincial Mexicano;* Woodbridge, p. 359.
[770] Santamaría, s.v.
[771] *Ib.*

puchuela. *Perú.* Hijo de blanco y octavón [772]. // =**de blanco.** Cruce de blanco y ochavina blanca, con lo que el cruce es enteramente blanco [773]. // = **de negro.** Hijo de blanco y ochavona de negro, con lo que el resultado es casi blanco [774]. // Hijo de blanco y de quinterón de quinterón de mulato [775].

Puchuela tiene 93,75 % de sangre blanca y 6,25 % de india; *puchuela de negro* combinaría en la misma proporción, pero el 6,25 % correspondería al linaje negro [776].

* * *

puchuelo. *Perú, Venez.* Resultado del cruce de un europeo y una ochavona, que da, de nuevo, raza totalmente blanca [777]. // 2. Cruce de blanco y cuarterona de mestizo [778]. // =**de negro.** *Méj.* Hijo de blanco y ochavona negra.

La primera documentación del término data de 1698 y fue transcrita por el padre Morell (1776) en el ordinario CDXXXVII (p. 488) de su obra: «Congregatio Inquisitionis respondit *quarterones* & *puchueles* non comprehendi Indorum neöphytorum nomine quoad usum dispensationum». Más tardíos son otros testimonios de la misma obra: la ardinatio CDXLVII y la CDXLIX, ambas de 1701, y su lectura es como sigue: «Facta relatione [...] non prohibitis consanguinitatis aut affinitatis gradibus conjunctis seu se attinentibus, ad effectum contrahendi inter se matrimonium [...] quod facultate pro neophytis Indis concessa, etiam cum iis qui non erant originarii per omnes lineas, quive per unam tantum partem originem trahebant, vulgo *quarterones* nun-

---

[772] Virey, § 18 (4.° grado); según este autor tiene un 93,75 % sangre de blanca y un 6,25 % de india, León (pp. 25-26).
[773] León, p. 26.
[774] León, p. 26; Woodbridge, p. 359.
[775] Pérez de Barradas, con apoyo en León, p. 234, § 34.
[776] León, gráficos 36 y 37.
[777] Rosenblat, p. 174, § b.10.
[778] Pérez de Barradas, p. 233(§ 17.

cupatis, vel qui octavam partem per proavum, vel proaviam habe bant, vulgo *puchueles* vocatis usui fuerant» (p. 493) [779]. En Ricardo Palma hay un texto harto ilustrativo: *zambo* hace referencia al nativo, de múltiples cruces, mientras que *puchuelero* es el peninsular o realista *(godo)* caracterizado por su piel blanca: «Zambos del espantajo (les gritó), al frente están los godos *puchueleros*» [780].

Puches como mezcla de maíz y agua consta en fray Pedro de Aguado [781], o 'mazamorra', según Bertonio [782], y de su color claro saldría la denominación de los mestizos.

* * *

quinterón. *Perú* (?). Hijo de blanco y tercerona negra [783] //. *Méj., Perú, Cuba.* Hijo de blanco y cuarterona [784]. // =**de mestizo.** *Perú.* Cruce de español y cuarterona de mestizo. [785] // =**de mulato.** *Perú.* Hijo de español y cuarterona de mulato [786]. // =**saltatrás.** Casta producida por el cruce de negro y cuarterona [787].

---

[779] La otra referencia, muy semejante, consta en la p. 496.
[780] *Tradiciones peruanas*, edic. 1880, p. 128.
[781] *Hist. Santa Marta* [1573-1582], edic. 1917, t. II, p. 47.
[782] *Voc. Aymará* [1612], p. 387 b.
[783] Alcedo, *Voc. voces Amér.* [1789], s.v.; León, gráfico 38; Rosenblat, p. 178, § j.38; Woodbridge, p. 359.
[784] Humboldt, p. 20 a; Virey, II, p. 130; Santamaría [1942], s.v.; Malaret [1943], s.v.; Rosenblat, p. 175, § e.5; ib., p. 175, f. tercer grado. 12; ib., p. 176, § f. cuarto grado, 18; ib., p. 176, § g.5; Woodbridge, p. 359.
[785] León, p. 39; Rosenblat, p. 171, § 7.5; ib., p. 178, § j.39; Pérez de Barradas, 233, § 18. León (p. 26) lo identifica con *quinterón*, pero en su gráfico 39 hace que el 12,50 % de sangre no sea negra, sino india (87,50 % es sangre blanca); Woodbridge, p. 359.
[786] León, p. 39; Aranzadi, p. 1093 a; Pérez de Barradas, p. 234, § 31; Rosenblat, p. 178, § j.40; Woodbridge, p. 359. León lo identifica con *quinterón* y *quinterón de mestizo*, pero la mezcla sanguínea tiene 87,50 % de blanco y 12,50 % de negro.
[787] Varey, § 23, 4.º grado; Aranzadi, p. 1094 b; Rosenblat, p. 178, § j.47; Woodbridge, p. 359.

La primera de estas definiciones responde a la escala del siguiente cuadro:

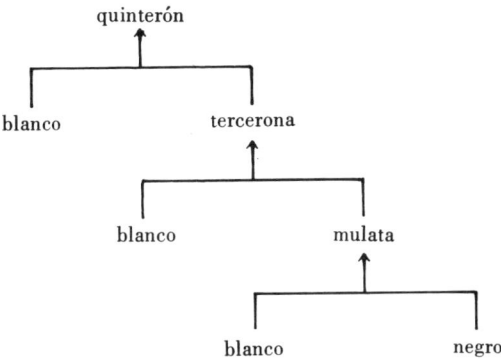

Evidentemente falta un eslabón entre *tercerona* y *quinterón* (1.ª acep.) que, además, impide que sean exactos los grados del proceso. Sí resulta válida la definición segunda, que obvia las dificultades, y sirve para justificar la etimología *(quinto>quintero* 'colono que pagaba como renta la quinta parte de los frutos'). El término es raro tanto en los diccionaristas como en los escritores; esto ya ha sido aducido en otras enumeraciones [788] y no puedo aportar más amplia información; Herrera-Cícero (p. 89) consideraba la voz como antillana y equivalente de *notentiendo;* por su parte, León creía que el término es peruano donde (blanco × cuarterona) sería un cruce con 87,50 % de sangre blanca y 12,50 % de negra [789].

Quinterón de mestizo o de *mulato* hace referencia a un ascendiente indio o negro en la rama blanca de la serie; en cuanto a *quinterón salta atrás* se explica porque en el último escalón as-

---

[788] Cfr. Montalvo, *Siete tratados*, I, p. 93, Rojas, *Blason,* p. 113.
[789] Cfr. Blanchard II, p. 46.

cendente, el blanco ha sido sustituido por negro y, lógicamente, la tez se ha oscurecido *(salto atrás)*.

* * *

rayado. *Méj.* Sin identificar.

Se cita en las *Ordenanzas del Baratillo* «sin antecedentes ni descripción alguna» [790].

* * *

requinterón. Descendiente de español y quinterona [791]. // 2. *Méj.* Hijo de español y saltatrás [792]. // =**de mestizo.** *Perú.* Hijo de español y quinterona de mestizo, o al revés, o de quinterón de mestizo y requinterona de mestizo [793]. // =**de mulato.** Hijo de español y quinterona de mulato, o de quinterón de mulato y requinterona de mulato [794].

Las denominaciones no hacen sino atenuar en un grado más las que se han ofrecido en *quinterón;* es patente el proceso, por cuanto al *requinterón de mestizo* se le llama también *español* y, valga el testimonio de Humboldt, *blanco* con *quinterón* dan *blanco* [795].

El *requinterón de mestizo* tiene 93,75 % de sangre blanca y 6,25 % de sangre india (corríjase el error de León), mientras que

---

[790] León, p. 26, a quien copia Pérez de Barradas, p. 237, § 94.
[791] Santamaría [1942], s.v.; Malaret [*Supl.* 1944], s.v., lo aduce como anticuado en el Perú; Aranzadi, p. 1093 a; Woodbridge, p. 359.
[792] Herrera-Cícero, p. 89; Blanchard II, p. 52.
[793] León, p. 26; *ib.*, p. 39; Santamaría [1942], s.v.; Pérez de Barradas, p. 233, § 21; Rosenblat, p. 171, § 7.7; *ib.*, p. 178, § j.41; Woodbridge, p. 359.
[794] León, p. 26; Santamaría [1942], s.v.; Pérez de Barradas, p. 234, § 33; Rosenblat, p. 178, § 7.13.
[795] Rosenblat, p. 176, § g.6.

la misma proporción entra en el requinterón de mulato, sustituyendo la sangre india por negra [796].

* * *

sacalagua. *Perú.* Mulato de la costa que tiene piel clara, cabello castaño y ensortijado, ojos claros, pero facciones de ascendencia africana [797].

Tengo documentación en unos cuantos diccionarios modernos. En 1938, J. A. Corrales en su *Glos. Crón.* había escrito: «Con frecuencia se encuentran mulatos cuyo cabello, dando un salto atrás a algún ascendiente blanco, es castaño claro y aun rubio, pero encrespado, a veces en grado de pasa. A estos individuos, más que el argot, un viejo limeñismo llama *sacalaguas*» (s.v.). Tras él, Santamaría [1942] diría que es 'mestizo de piel casi clara', pero Malaret [798] le corregirá: «no es sólo mestizo [...] sino individuo que, a pesar de su piel blanca, sus ojos claros y su cabello rubio o castaño, descubre su ascendencia africana, por sus rasgos fisionómicos, sus pecas y, en especial, sus pasas capilares» [799]. En literatura, encuentro una referencia en la reciente novela de Mario Vargas Llosa, *Historia de Mayta* (Barcelona, 1984, p. 9): «Los alumnos del Salesiano nos confundíamos con los colegios fiscales [...] Había entre nosotros más cholos que blancos, mulatos, zambitos, chinos, niseis, *sacalaguas* y montones de indios.»

El cambio semántico se explica por el carácter recesivo de la apariencia: manifiesta una realidad oculta, a pesar de las apariencias.

* * *

---

[796] León, gráficos 41 y 42.
[797] Rosenblat, p. 179, nota; Kany, *Semántica*, p. 33.
[798] *Supl.* [1944], s.v.
[799] Morínigo [1966] repite aproximadamente la definición.

saltatrás o **saltoatrás.** Descendiente de mestizos que ofrece por atavismo caracteres propios de una sola raza originaria, tornatrás [800]. // 2. En las castas coloniales, se decía del hijo que es más oscuro que la madre [801]. // 3. Cruce de tercerón y mulata [802]. // 4. Casta producida al cruzarse un morisco con una blanca, pues se creía atavismo que se producía en la tercera o cuarta generación, de una abuela negra con un blanco [803]. // 5. *Méj.* Cruce de blanco y albina [804]. // 6. *Méj.* Descendiente de chino e india [805]. // 7. *Colom.* Cruce de cuarterón o quinterón con mulata o tercerona [806]. // 8. *Venez.* Hijo de mestizo e india [807]. // 9. *Méj.* Hijo de morisco y mulata [808]. // *Méj.* hijo de tentenelaire y mulata [809]. // =**cuarterón.** *Méj.* Hijo de negro y tercerona [810]. // =**quinterón.** *Méj.* Hijo de negro y cuarterona [811].

---

[800] *DRAE*, s.v.; Humboldt, p. 90 *b*; Herrero-Cícero [1895], p. 89. Normalmente el atavismo es negro (Alamán, p. 14, nota 3; Moreno, p. 214; Moreno, *Cuadros*, p. 143).

[801] Herrera-Cícero, p. 87; Rosenblat, p. 176, § g (datos de Humboldt). Para Rivas Palacio: «el que tenía caracteres de negro, naciendo de una familia blanca» (p. 472 *a*).

[802] Virey, II, p. 130; Rosenblat, p. 176, § f, 4.º grado, 14.

[803] Pérez de Barradas, p. 234, § 41 bis, con apoyo en Cícero; Rosenblat, p. 176, § h.5.

[804] León, fig. 45; Pérez de Barradas, p. 234, § 41; Rosenblat, p. 178, § j.45; Woodbridge, p. 360; *Pint. colonial*, lám. 56. Según León tendría un 97,75 % de blanco y un 4,25 % de negro.

[805] Blanchard I, p. 62, § 7 (de la segunda enumeración), y II, lám. XI, § 7; León, p. 44 (núm. 7); Rubio, *Mexic.* [1917], p. 178; Pérez de Barradas, p. 237, § 95; Rosenblat, p. 169, § 2.7; Woodbridge, p. 360.

[806] León, p. 26; Rosenblat, p. 174, § c.7 (datos de Jorge Juan y Ulloa); Woodbridge, p. 360.

[807] León, p. 26; Rosenblat, p. 174, § b.6 (información de Gumilla).

[808] Rosenblat, p. 177, § i.8.

[809] Rosenblat, p. 177, § i, nota 9. Es lo mismo que *no te entiendo* o *calpán mulato*.

[810] León, gráfico 46. Producto con un 37,50 % de sangre blanca y 62,50 % negra; Pérez de Barradas, p. 234, § 42; Woodbridge, p. 360.

[811] León, gráfico 47. Tiene un 43,75 % de sangre blanca y un 56,25 % de negra; Pérez de Barradas, p. 234, § 43; Woodbridge, p. 360.

La etimología de la voz resulta transparente: es el regreso a formas que parecían superadas. Ya en el *Viaje de Turquía* [1557] se había hecho alusión a estos caracteres regresivos [812], que se repiten como elemento constante en las explicaciones de los diccionarios: basten recordar las autoridades cubanas del siglo XIX [813] o las explicaciones de Santamaría [1942]. La palabra se introdujo en el *DRAE* a partir del *Suplemento* de 1899 y figura hoy referida a *tornatrás;* sin embargo, debería invertirse el orden, según veremos en esta última voz [814].

En Cuba se escribió *salto atrás* según anota Rodríguez Herrera [1953], pero esta preferencia literaria («casi todos los escritores nuestros prefirieron *salto atrás*») está en pugna con el uso, pues el propio Rodríguez Herrera, al terminar su explicación, deja una apostilla contundente: «Nadie dice *saltoatrás*». Aparte queda la grafía de R. J. Bouton [1931-1938], que me parece restitución libresca: «De la unión del mulato con la blanca, resulta el cuarterón, porque no tiene más que una cuarta parte de sangre negra; pero si esta unión se verifica con un negro, el resultado se llama: *salto atrás*, porque en vez de ganar en blancura, el individuo retrocede, por así decirlo, pues tiene tres cuartos de negro» [815].

Si prescindièos de las definiciones —por lo demás veraces— en las que no se habla de los progenitores que producen el cruce,

---

[812] Edic. NBBAAE, II, 1905, p. 5.

[813] *Pichardo novísimo* [1953], s.v.

[814] Según los testimonios de Villaverde y Bachiller Morales, apud *Pichardo novísimo,* s.v.

[815] *Vida rural Urug.* [edic. 1958], p. 57. Santamaría dirá [1942] que en Cuba es «la persona que en vez de mejorar su condición de negro, la empeora, por cruzamiento» o «hijo que en una familia presenta más visibles los caracteres de negro, heredados de sus ascendientes remotos». En el *Pichardo novísimo* [1953] también se habla de «la persona que por su nacimiento en vez de ir refinando su origen africano ya casi blanco; retrograda mezclándose con la raza negra».

veríamos que, efectivamente, la unión del tercerón y mulata tendría los siguientes caracteres: el tercerón tiene un 25 % de sangre negra, mientras que la mulata, un 50 %; el cruce resulta ennegrecido [816]. Del mismo modo, un morisco (con su 25 % de sangre negra), la oscurece al mezclarse con mulata (50 % de sangre negra) en el hijo, *saltatrás* (9.ª acep.), que tiene [817]. Estos criterios son válidos para las mezclas de otras razas como el *saltatrás* de nuestra séptima acepción (cuarterón × mulata), cuyo cuadro genealógico podría ser:

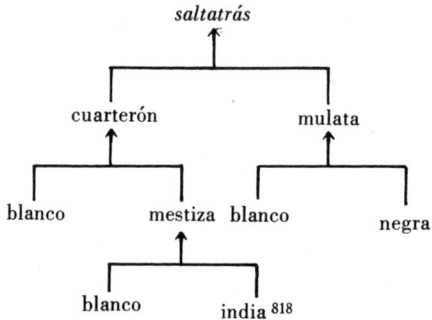

Otras veces (5.ª acep., por ejemplo), el salto atrás se produce desde una situación remota [819]. Este sería el caso del *saltatrás* de blanco × albina, cuyo posible esquema sanguíneo es el que anoto seguidamente:

---

[816] Recordemos: *saltatrás* = tercerón × mulata; *tercerón* = blanco × mulata; *mulato* = blanco × negra.

[817] *Saltatrás* = morisco × mulata; *morisco* = europeo × mulata; *mulata* = blanco × negra.

[818] Efectivamente, la rama de la izquierda, ya muy blanqueada (un 25 % de sangre india en el cuarterón), se oscurece con la mulata que lleva un 50 % de sangre negra.

[819] Prescindo de analizar otros casos, pues no sé si, por ejemplo, *mestizo* se refiere al tecnicismo concreto (blanco × india) o al genérico de mezcla. En cuanto al *saltatrás cuarterón* o *quinterón* el retroceso es claro por la aparición de un negro como inmediato antecesor.

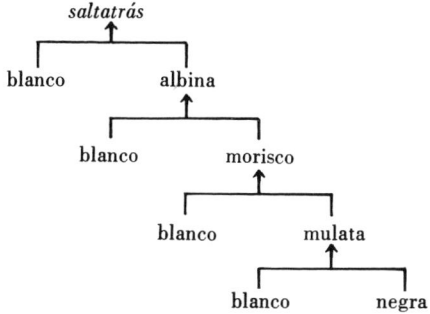

Los cuadros coloniales hacen referencia a alguna de las situaciones descritas. En la cuarta acepción he señalado las creencias sobre el momento en que reaflora la sangre negra; muy claramente expresa esta conducta un cuadro anónimo (Méjico, siglo XVIII) que pertenece al Museo de América de Madrid: un español y una albina están en el interior de una habitación; la familia goza de bienestar económico según muestran las paredes enteladas y el rico atuendo europeo de los protagonistas. Pero el niño, que juguetea con el padre, es negro. Se ha producido el salto atrás de que hablan los tratadistas y con el segundo de los esquemas que hemos compuesto se ve, efectivamente, que andaban hermanadas las creencias de escritores y artistas: cuatro generaciones atrás se produjo un cruce que ha surgido ahora de manera inesperada [820]. Blanchard, en un antiguo trabajo, dio a conocer una tela del Museo de Méjico en el que un *saltatrás* muestra su humilde condición: lleva unos peces bajo el brazo

---

[820] *Pint. colonial*, lám. 56. Un *saltatrás* de chino×india figura en la lám. 7 de Rosenblat: su linaje es mucho más pobre que el descrito en el texto; después, el *saltatrás* hombre vestirá pobremente, caminará descalzo y será pescadero necesitado (lám. 8). La creencia del momento de producirse el retroceso parece no tener mucho fundamento (Riva Palacio, p. 472 *b*), aunque Varey (II, p. 128, indica que al cruzarse un blanco con una hotentote (=*baster*), aun teniendo más de blanco que de negro, la prominencia del maxilar, o de las mejillas, es un rasgo genérico que persiste hasta la cuarta generación.

izquierdo y de su mano derecha penden otros ensartados [821]; el hijo *(lobo)* va pesadamente cargado, aun siendo muy niño [822].

* * *

tentempié. Sin definir.

No poseo ninguna documentación del término, salvo la que anoto seguidamente. El texto las *Tradiciones argentinas* de Pastor Servando Obligado [1903] dice: «Triple hilera de sillas, perniquebradas las más, alinearon para las señoras; [...] y el suelo pelado como su pie para mestizas y cuarteronas de *tentempié*» (p. 71). No es muy explícito el razonamiento; pienso que deberá ponerse en relación con el *tentenelaire* (cuarterón $\times$ mulata) de la palabra siguiente, pues no parece convenir el enunciado de *cuarterón de tenteempié* con ninguno de los que figuran en *cuarterón*. Posiblemente es una invención de Obligado o, al menos, un recuerdo incierto del *tentenelaire* bien conocido.

* * *

tentenelaire (se daba este nombre «porque no adelanta nada en la raza»). Hijo de cuarterón y mulata [823]. // 2. Descendiente de jíbaro (1.ª acep.) y albarazada (1.ª acep.) [824]. // 3. *Méj.* Dícese del hijo de español y tornatrás [825]. // 4. Hijo de español y requinterona [826]. // 5. Fruto de la unión de un calpamu-

---

[821] También es pescadero el *saltatrás* del museo de Méjico (León, p. 44, núm. 8) que, además, viste con harapos.
[822] Blanchard II, lám. XI, § 8.
[823] *DRAE*, s.v.; León, p. 26; Rosenblat, p. 178, nota 1; Moreno, *Cuadros*, p. 143.
[824] *DRAE*, s.v.: Santamaría [1942], s.v.; Woodbridge, p. 360.
[825] León, p. 41; Pérez de Barradas, p. 234, § 36; Woodbridge, p. 360. *Vid.* p. 77 de este libro.
[826] Herrera-Cícero, p. 89; Blanchard II, p. 52; Santamaría [1942], s.v.; Woodbridge, p. 360.

lato y una cambuja (4.ª acep.)[827]. // 6. *Méj.* Hijo de cambujo (5.ª acep.) e india[828]. // 7. *Méj.* Hijo de calpamulato y zamba[829]. // 8 .*Méj.* Cruce de albarazado (7.ª acep.) y saltatrás. // 9. *Méj.* Descendiente de indio y loba (cfr. *grifo*)[830]. // *Colom.* Cruce de tercerón con mulata o de cuarterón con tercerona[831]. // 10. *Méj., Venez.* Fruto de mestizo y mestiza[832].

La variadísima teoría que acabo de describir apenas si accede a los materiales que manejo[833]; por el contrario, los cuadros de mestizaje ofrecen algunas muestras muy bellas. En el Museo de América (Madrid), hay una colección de pinturas a la que me he referido muchas veces; proceden del Méjico dieciochesco y en dos escenas aparece el *tentenelaire*[834]. Se trata del niño de un

---

[827] Blanchard I, p. 63, § 4 (segunda serie), y II, lám. XI, § 14.15; León, p. 46, núm. 14); Santamaría [1942], s.v.; Pérez de Barradas, p. 237, § 98; Rosenblat, p. 169, § 2; Woodbridge, p. 360. Cfr.: «Pero, ¿qué es ese *tente en el aire*, hijo de calpamulato con cambuja?» (E. Noel, *Siete cucas* [1927], p. 262).

[828] Hamy, p. 104, núm. 11; Blanchard I, p. 63, § 11 (tercera serie); León, lám. 48; Santamaría [1942], s.v.; Pérez de Barradas, p. 235, § 57; Rosenblat, p. 170, § 4.11. Según León (*loc. cit.*), tiene un 81,25 % de sangre india y un 18,75 % negra.

[829] Riva Palacio, p. 472 b; Pérez de Barradas, p. 237, § 99; Rosenblat, p. 176, § h.16; *ib.*, p. 177, § i.11; Woodbridge, p. 360.

[830] Hoyos, *Lecc. Antrop.*, III [1900], p. 315; León, p. 39; Rosenblat, p. 170, § 6.171; Woodbridge, p. 360; Solano, p. 13.

[831] León, p. 40; Santamaría [1942], s.v.; Rosenblat, p. 172, § 8.9; *ib.*, p. 178, § j.22.

[832] Rosenblat, p. 174, § c. 8.

[833] León, p. 26; Rosenblat, p. 174, § b.5. La segunda localización procede de Gumilla, de quien la tomó también C. E. Mesa, *Jesús Aníbal* [1950], edic. 1964, p. 213: «Los cuatro tipos de negros que clasifica el Padre Gumilla los tenemos aquí: mestizos, zambos, *tente en el aire* y salta atrás».

[834] Cfr.: la sola referencia que poseo, aducida en la p. 70, procede de Eugenio Noel. En los diccionarios, salvo el bien documentado de Santamaría, las cosas no están mejor. Tan gran conocedor de América como Marcos Morínigo se limita a decir: 'mulato tirando a blanco o mestizo amulatado' (*Dicc. amer.* [1966], s.v.). Más justos anduvieron los viejos

cambujo y una india (nuestra acepción sexta): un zapatero remendón (el *cambujo*) está acompañado por su mujer (la *india*), y ella da de comer al muchachito. La pintura no representa gentes pariguales, pues el hombre es de color sensiblemente oscurecido. En la lámina siguiente, el niño parece ser más negro, pero no es fácil decidir, ya que el *tentenelaire* va cubierto con sombrero y oculta parte de su rostro con un tapabocas. La condición social parece decorosa en las dos estampas: la mujer viste de la misma manera y, si acaso, ha mejorado la situación actual, pues el *tentenelaire* lleva un caballo por las riendas. Tal vez se reduzca todo a que el hombre va a partir y lleva atuendo de viaje [835]. No refleja nada comparable la lámina 15 de Rosenblat, aunque, gracias a ella, podemos inferir otras cosas: el *tentenelaire* es de color cobrizo oscuro (lám. 14) y, cuando hombre, una negra barba muy poblada no permite descubrir sino el color oscuro del rostro. Ahora estamos con un personaje muy modesto: vende ropa hecha, pero su calzón es harapiento, las desnudeces de su cuerpo asoman por doquier y sus pies están descalzos [836].

Tentenelaire o *tente en el aire* es una denominación expresiva: la indecisión para inclinarse a cualquiera de las razas que han intervenido en el mestizaje. Es obvio el significado si se unen hombre y mujer de las mismas características [837], menos claro si predomina una de las estirpes [838], pero otros cruces dan lugar a infinitas mezclas en las que resulta imposible seguir un proceso de genotipos o fenotipos, habida cuenta de la heterogeneidad de

---

tratadistas: «los que teniendo su sangre mezclada de las tres razas se mantenían por enlaces sucesivos a la misma distancia del tronco africano» (Herrera-Cícero, p. 67).

[835] *Pint. colonial*, láms. 60 y 61.
[836] Si no es criado de algún gran señor, como quiere Hamy (p. 104, núm. 12).
[837] También así en Blanchard II, § 15, y en León, p. 46.
[838] Tal sería el caso de nuestra acepción 11.ª (mestizo $\times$ mestiza) y bastante claro el de la 10.ª (*tentenelaire* = mulato $\times$ tercerón; *mulato* = blanco $\times$ negra; *tercerón* = blanco $\times$ mulata) donde las mezclas hacen llegar a un 50% de cada una de las sangres).

los entrecruzamientos [839]. La denominación adquiere entonces un aire vago que indica simplemente una gradación de color no diferenciada con respecto a la de sus progenitores [840]. Según Aranzadi, el *tentenelaire* del cuadro que está en el Museo Antropológico de Madrid tendría 897 ascendientes negros, 599 blancos y 552 indios, mientras que el de la explicación de Cícero, 4 negros, 3 indios y 1 blanco.

El término se incluyó en el *DRAE* en el suplemento de 1899. El esquema de nuestra octava acepción es como sigue [841]:

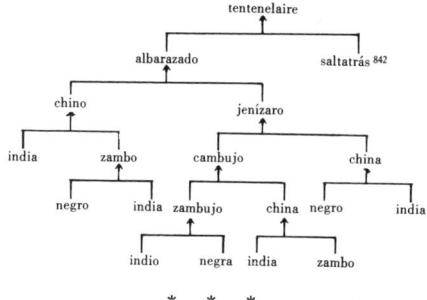

* * *

tercerón. *Perú, Colomb.* Hijo de blanco y mulata [843]. // =**cuatralbo.** Cruce de blanco con mulata [844].

Como en tantas y tantas ocasiones, la terminología no resulta clara, pues el *tercerón* viene a coincidir con lo que otras veces se

---

[839] Por ejemplo, nuestra acepción 9.ª en que *tentenelaire* es mezcla de indio y loba y ésta de negro e india.

[840] Pienso, por ejemplo, en nuestras acepciones 2.ª y 8.ª

[841] Como la raza negra es dominante en los cruces con la india, muchos autores limitan el concepto de *tentenelaire* a los individuos que se mantenían «a la misma distancia del tronco africano» (Alamán, p. 14, nota 3). Téngase en cuenta la siguiente definición: «*Méx.* Mulato tirando a blanco o mestizo amulatado» (Morínigo, *Dicc. am.*, s.v. *tente-en-el-aire*).

[842] En esta palabra se incluyen diversos tipos de este cruce.

[843] Virey, II, p. 129; lám. p. 26; Rosenblat, p. 174, § c.2; *ib.*, p. 175, § f, 2.° grado. 6; *ib.*, p. 178, § j.49; Woodbridge, p. 360.

[844] Pérez de Barradas, p. 234, § 28.

llama *cuarterón, morisco* o *cuarterón cuatralbo*. Esto sin salir de las descripciones que manejo, porque Santamaría señala que en Brasil, el *tercerón* es 'hijo de mulata con blanco', lo «que en castellano se llama cuarterón» (s.v.).

A mi modo de ver, se trata de una formación analógica hecha a manera de otros términos bien documentados *(cuarterón, quinterón)* y, por tanto, semejante a *requinterón*. Se trata, pues, de manifestar un grado de dilución, que poseía ya nombre propio, pero que constituye ahora una serie de semejanza formal con las castas cuyo nombre acaba en *-ón*. No poseo autorizaciones del término, salvo una referencia en *El reino de este mundo*, de Alejo Carpentier [845], muy poco específica, por lo demás. Pienso en antecedentes castellanos como en el de Francisco Delicado que, en *La lozana andaluza* [1528] habla de «putas terçeronas, aseadas, apuradas, gloriosas» [846], o en el de Tirso de Molina que, con el adjetivo, se refiere a la 'mediadora en amores' [847].

El *tercerón* tiene un 75 % de sangre blanca y un 25 % de sangre negra.

* * *

torna a español. *Guatemala*. «Cruce de español con castiza» [848].

* * *

tornatrás. Descendiente de mestizos y con caracteres propios de una sola de las razas originarias, reaparecidos por atavismo [849]. // 2. *Méj*. Hijo de español y albina [850]. // 3. Dícese

---

[845] [1948], edic. 1967, p. 63. Véase en la p.
[846] Edic. 1968, Mamotreto XX, p. 83.
[847] *Quien no cae no se levanta*, NBAAEE, IX, acto II, escena 11, p. 159 a.
[848] Se trata de la denominación que aparece en una de las series del Museo Etnológico de Madrid (Pérez de Barradas, p. 232).
[849] *DRAE*, s.v. Cfr. Aranzadi, p. 1093 a; Moreno, p. 211.
[850] *DRAE*, s.v.; Blanchard I, p. 62; Rubio, *Mexic*. [1917], p. 178 y 179; León, p. 27; *ib*., p. 38; *ib*., p. 41; *ib*., p. 52, núm. 7; *ib*., p. 58; Pérez

del hijo de notentiendo con india [851]. // 4. *Méj.* Hijo de mulato y mestiza [852]. // 5. *Méj.* Resultada del cruce de lobo e india; también se le dice *lobo* [853]. // =**con pelo liso.** *Méj.* Cruce de indio con cambuja [854].

* * *

Evidentemente se trata de una formación semejante, y para designar a lo mismo, que la de *saltatrás*. Coinciden las definiciones de *saltatrás* y *tornatrás* del *DRAE*, y nuestra acepción segunda es la que, en *saltatrás*, llevan el número 5; aparte quedan otras correspondencias menos precisas. Se trata, igual que hemos repetido muchas veces, de una definición que, si inicialmente, tuvo un carácter preciso, lo perdió conforme las mezclas iban dificultando la caracterización. Que, en principio, la correspondencia *saltatrás*=*tornatrás* era clara consta en algunos casos; así para el *Pichardo novísimo* [1953], la primera goza de plena vitalidad, en tanto «algunos, bien pocos, usan la forma *tornatrás*, su equivalente» [855]. La palabra, como otras que designan a las castas americanas, se introdujo en el *DRAE* en el Suplemento de 1899.

Como en el caso de *saltatrás* el carácter recesivo se manifiesta en la cuarta generación, según puede verse con toda claridad en uno de los esquemas más sencillos [856]:

---

de Barradas, p. 234, § 27; Rosenblat, p. 168, § 1.7; *ib.*, p. 170, § 3.7; *ib.*, p. 171, § 6.7; *ib.*, p. 172, § 8.8; *ib.*, § 9.7; *ib.*, p. 175, § d.6; Woodbridge, p. 360; Moreno, *Cuadros*, p. 140. Moliner (s.v.) copia a la Academia.

[851] Blanchard I, p. 63, § 16 (segunda enumeración); Rubio, *Mexic.* [1917], p. 178; Santamaría [1942], s.v.; Solano, p. 13.

[852] León, p. 40; Pérez de Barradas, p. 238, § 100; Rosenblat, p. 172, § 8.8.

[853] León, p. 40; Rosenblat, p. 172, § 8.10.

[854] Rosenblat, p. 175, § d.13.

[855] En el artículo se exponen algunos criterios biológicos, que no nos resultan imprescindibles.

[856] Nuestra referencia se hace a la segunda acepción.

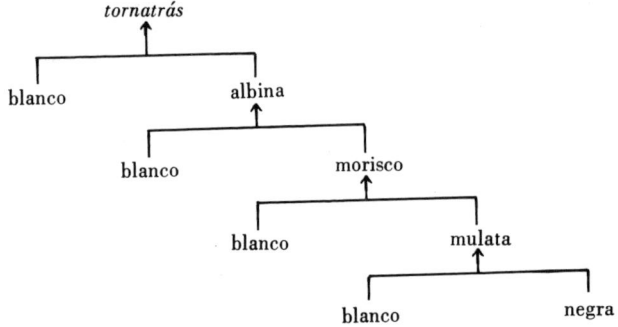

Otros cruces son mucho menos precisos, según se ve en la tercera de nuestras acepciones:

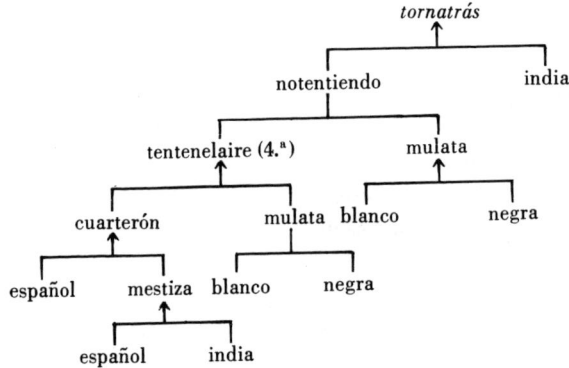

En la lámina 16 de las publicadas por Rosenblat, el *tornatrás* tiene, como el *notentiendo* y la *india,* sus padres, «color cobrizo claro y pelo entre castaño claro y oscuro». Su condición social es concorde con la de los otros hombres de su ascendencia *(tentenelaire, notendiendo)*: casi desnudo y sin ninguna referencia a nada que le dé gozo; sus manos retuercen un lienzo en vez de acariciar un juguete. En el cuadro VIII, que reproduce Blanchard II, la condición social de la *tornatrás* también ha decaído con respecto a sus progenitores [857]: ya no juega apaciblemente en una mesa, sino que cocina, según su condición servil, pues el marido *(indio)* es un azacán que portea cántaros de agua.

* * *

tresalbo. *Perú.* En las castas coloniales era el nombre que se dio al hijo de mestizo y de india por tener tres cuartos de esta sangre [858].

No tengo documentación de la voz anterior al siglo XVI, pero Bernal Días del Castillo [c. 1563] emplea el término con referencia a un caballo: «vn cavallo castaño claro *tresalvo*, no fue bueno» [859]. *Tresalbo* era, en efecto, la montura que tenía «blancos los tres pies, menos el derecho» [860]; no a tanto afinar llegan otros tratadistas que se conforman con decir que «tiene tres pies blancos» [861] o que, simplemente, enumeran: «decimos [...] unalbo, para expresar el calzado de una extremidad; [...] dosalbo, para el de dos; [...] tresalbo para el de tres» [862]. Los *tresalbos* tenían fama de ser malos caballos, como —no sé si por causalidad— había indicado Bernal Díaz [863].

El *DRAE*, desde 1869, incorporó el término zootécnico, que, a partir de entonces, se encuentra en tratadistas y diccionarios [864];

---

[857] *Vid.* mi descripción en *albino.* Cfr. León, p. 53, núm. 8.
[858] Inca Garcilaso, *Comentarios* [Lisboa, 1609], f. 255 *v.* Cfr. Virey, II, p. 129; Woodbridge, p. 360; Santamaría [1942]: «En el Brasil, hijo de india con mestizo. También se llama *castizo* y *coyote*»; Pérez de Barradas, p. 233.
[859] *Hist. Nueva Esp.,* edic. 1904, I, p. 65.
[860] Abu Zacaria, *Agric.* .s. XII], edic. 1802, t. I, p. 511.
[861] Hidalgo Terrón, *Equit.,* t. I, 1839, p. 281.
[862] Villa y Martín, *Exterior del caballo* [1881], p. 416.
[863] López Fuentes, *Arrieros* [1937], edic. 1944, p. 120: «¡Ah, y el color de las patas, que también no falla! Unalbo, bueno; dosalbo, mejor; *tresalbo*, malo».
[864] En 1945 (Duque de Regla, *Dicc. ecuestre,* s.v.), 1961 (Tobar Donoso, *Leng. rural Ecuador,* s.v.), 1967 (Moliner, s.v.).

en la literatura la palabra está documentada desde antes, aunque la especificación no consta: «¿Cómo era el caballo?— [...] Bayo mono, careto y *tresalbo*» [865].

Nos encontramos, pues, con otro término propio de la ganadería que ha pasado a designar un determinado tipo de mestizaje, como ha ocurrido con tantos y tantos otros. El cambio semántico no es difícil de 'tres patas blancas' surgió la acepción 'tres cuartos de indio'.

* * *

trigueño. *Méj.*, *Cuba.* Mestizo.[866].

Está claro que el nombre del color ha servido para designar, precisamente por la matización de la piel, a la mezcla de blanco e india. La voz *trigueño* es conocida en español para designar el 'color del trigo, entre moreno y rubio' (*DRAE*, s.v.) [867]. De ahí que fuera fácil el salto a la designación de 'mestizo', ya en Quevedo [868], y, lógicamente, en tratadistas de cosas americanas para designar a los indios [869]. Nos encontramos con una metáfora, evidente de puro fácil, que equivale a la voz *loro* [870] y que resulta

---

[865] Marroquín, *El moro* [1897], edic. 1921, p. 117.
[686] Rosenblat, p. 179, nota; *Pichardo novísimo* [1953], s.v.
[867] Cfr.: «Si ai seraphines *trigueños*, / La mora es vn seraphin» (Góngora, apud *Vocab.* de Alemany, s.v.), «¿Cómo le va de color?» —«*Trigueño* claro» (Lope de Vega, *Dorotea* [1632], edic. 1913, t. I, p. 39).
[868] «Si hicieran esclavos a los mulatos, aun tuviera disculpa; que es canalla sin rey; hombres crepúsculos entre anochece y no anochece, la estraza de los blancos, y los borradores de los *trigueños*, y el casi casi de los negros, y el tris tris de la tizne» (*La hora de todos*, edic. Astrama, apud *Obras completas* [1932], t. I, p. 256).
[869] «Son en lo personal, estos indios itzaes, bien agestados: color *trigueño*, más claro que el de los de Yucatán» (Villagutierre Sotomayor [1701], p. 498).
[870] Según el *DRAE*, 'de color amulatado o de un moreno que tira a negro'. Creo que habría que matizar mucho la definición. Cfr.: «cualquiera

ser sinónimo de *moreno* en las hablas peninsulares, antes de los cambios semánticos que se produjeron en América con el mestizaje. Colón al ver a los indios arahuacos dijo que «son de la color de los canarios, y ni negros ni blancos» [871] y de las indias que «son de muy buen acatamiento, ni muy negras, salvo menos que canarias» [872]. Creo que a este color se refieren los escritores americanos cuando hablan de las gentes *trigueñas*; son indias o mestizas y, en ocasiones, de piel oscura, como el personaje de Miguel Angel Asturias que era «*trigueño* prieto» [873].

En Cuba, los cruces han dado lugar a una serie de matizaciones en las que la lengua tiene no poco que ver, según el testimonio del *Pichardo novísimo* [1953]: «Cuando se trata de razas, se usa la voz *blanco*, aunque sea *trigueño*, para diferenciar de *negro* y *mulato*; aunque de éstos hay algunos de color más blanco que muchos de raza blanca. *Moreno* es sinónimo de *trigueño*; pero al negro también se dice *moreno* para dulcificar la espesión y nunca *trigueño*; así como *pardo* al *mulato*. En conjunto *negros* y *mulatos* son la *gente de color*. Los *asiáticos* se enumeran oficialmente entre los *blancos*» (s.v.). Dentro de este orden —o desorden— el testimonio de F. Ortiz es válido: «Ayer la música de Cuba ya era algo mulata [...]; hoy es más oscura y la confesamos *trigueña*» [874].

* * *

---

de vosotros que seáis, moros o cristianos, *loros*, judíos o zambaigos, como dicen las leyes de Indias» (J. V. Betancourt, *Artículos* [1849], edic. 1941, p. 155).

[871] *Diario del Descubrimiento* (edic. 1976), t. II, pp. 51-52, y referencias que aduzco en la núm. 89 de esta última página.

[872] *Ib.*, p. 102.

[873] *Hombres de maíz* [1945], edic. 1966, p. 28.

[874] *Afric. música folk. Cuba* [1950], p« 98.

zambahigo. *Méj., Guat.* Hijo de indio y cambujo [875]. // 2. *Venez.* Hijo de negro e india [876].

Según Corominas, esta grafía estaba muy generalizada en los siglos XVI y XVII, y mostraría la acentuación *zambahigo*, de una palabra tetrasílaba. La segunda de las acepciones que figuran en el encabezamiento, la extraigo de la *Historia de Venezuela* del padre Aguado [c. 1582]: «llaman a los que son desta mezcla que e dicho de negros e indias, *zanbahigos*» [877]. Sin ninguna suerte de explicación, la voz fue utilizada en un documento de 1570: «En el Pirú hay muchos mulatos y *zambahigos*, y indios sueltos y negros horros» [878].

En cuanto a la etimología, Friederici propuso *zambo* + *hijo* (con esta palabra adulterada por la incapacidad indígena para pronunciar la *j* del castellano) y le siguió Corominas y, por supuesto, María Moliner, que copia a éste. Sin embargo, la solución no parece tan fácil y nos ocuparemos de ella en la palabra siguiente.

Según León (lám. 44) el *zambahigo* (cambujo × india) tiene un 23,45 % de sangre blanca, un 75 % de india y un 1,55 % de negra.

Vid. zambaigo, zambayo, zambís, zambo.

* * *

---

[875] León, lám. 44; *ib.*, p. 38; Rosenblat, p. 171, § 6.12. Lectura que procede de un cuadro guatemalteco comprado por el cardenal Lorenzana en Méjico (s. XVIII). También en una larga enumeración mejicana que se incluye en Rosenblat, p. 178, § j.44.
[876] Cfr. la referencia de fray Pedro de Aguado que cito en el texto. Friederici [1960], s.v., que aduce más documentación.
[877] Edic. 1919, t. II, p. 201.
[878] *Codoin Améric.*, XI, 1869, p. 36.

zambaigo. Hijo de indio y negra [879]. // 2. *Méj.* Dícese del descendiente de chino (1.ª acep.) e india [880] // 3. *Méj.* Hijo de cambujo (4.ª acep.) e india [881]. // 4. *Méj.* Cruce de indio con barnocina [882]. // 5. *Méj.* Hijo de indio y loba [883]. // 6. Cruce de indio y zamba [884].

La palabra se incluyó en el *DRAE* en el Suplemento de 1899 y pronto motivó uno más de los ataques que por ignorancia, suficiencia o incomprensión, ha sido objeto nuestro repertorio oficial. En 1917, Rubio en sus *Mexic.* (pp. 185-186) dice que *zambaigo*, en la segunda acepción transcrita, nadie la «usa en México» y que «a México corresponde, y de [sic] empleamos, según la Academia, para designar al descendiente de chino e india» y sigue con unos comentarios bastante desafortunados que culminan con la apostilla de ser uno más de «tantos vocablos que inútiles de toda inutilidad, ha puesto la Academia Española, con carácter de mexicanismos en la última edición de su Diccionario». Apoyándose en estas referencias, Malaret incluyó la palabra en su

---

[879] *DRAE*, s.v.; Riva Palacio, p. 472 *b*; León, p. 26; Aranzadi, p. 1092 b; Santamaría [1942], s.v.; Rosenblat, p. 176, § n.13; *ib.*, p. 177, § i.3; Morínigo [1966], s.v.; Moreno, p. 212; Moreno, *Cuadros*, p. 141.

[880] *DRAE*, s.v.; Rubio, *Mexic.* [1917], s.v.; Ortiz, *Glos. afron.* [1924], s.v.; Santamaría [1942], s.v.; Morínigo [1966], s.v.; Woodbridge, p. 361.

[881] Riva Palacio, p. 472 *b*; Blanchard I, p. 63, § 12 (segunda serie); y II, lám. XI, § 12; Rubio, *Mexic.* [1917], s.v.; León, p. 46 (núm. 72); Pérez de Barradas, p. 235, § 56, p. 237, § 96 y p. 238, § 103; Rosenblat, p. 169, § 2.12; *ib.*, p. 176, § h.12; *ib.*, p. 177, § i.18; *ib.*, p. 178, § h.44; Solano, p. 13.

[882] Rubio, *Mexic.* [1917], p. 179; León, p. 41; Pérez de Barradas, p. 238; § 101; Rosenblat, p. 170, § 3.13.

[883] Rubio, *Mexic.* [1917], p. 178; Heger, p. 462, § 9; Rosenblat, p. 170, § 5.9; *ib.*, p. 175, § d.9.

[884] Virey, II, p. 129; Rosenblat, p. 175, § f, 2.º grado, 8. Bien es verdad que Virey transcribe *zambaigi*, que pudiera ser el genitivo de *zambaigus* de cualquier texto latinizado; de ser esto cierto quedarían obviadas, también, las dificultades del *zambi* (vid. esta voz) como procedente de *zambus*

Fe de erratas [1923] y los *Errores del Dicc. de Madrid* [1936]. Pero las cosas no son tan simples.

El que la palabra ya no se use en Méjico, no quiere decir que no sea mejicanismo; basta tener en cuenta las muchas referencias donde identifico la voz, para ver que la Academia tiene razón. Se podrá discutir si el arcaísmo debe o no introducirse, pero el criterio académico es bien claro y no hemos de discutirlo aquí. Por otra parte, si el término es un término histórico, es lógico que ahora no se utilice, sobre todo si pensamos en la dilución que la mezcla de sangres ha producido, pero en el siglo XVIII estaba literariamente bien vivo y desde el siglo XVIII a 1899 mal podría saberse si la voz era o no anticuada. Posiblemente, los lexicógrafos de América no ayudarían a la Academia a salir de sus dudas, pero un gran pintor mejicano, Miguel Cabrera, que muere en 1768[885], había escrito: «De indio y barsina: *Zambayga*» [886]. Si la voz se usó en Méjico, se escribió bien entrado el siglo XVIII y, si el diccionario quiere ayudar a quien lo necesita, no ha hecho mal la Academia en incluir la voz. Y lo que no ha dicho nunca es que nadie hoy (ese hoy de 1917) utilice la voz. Tras una reparación que es de estricta justicia, vengamos a otras cosas.

La etimología del término, tal y como la propuso Friederici (*vid*. la palabra anterior), no es fácilmente aceptable. Ortiz en su *Glos. afron.* [1924], y apoyándose en Hopkinson, la consideró «derivación americana del afronegrismo *zambo*; pero codeterminada por la voz *sambango*, que los mandingas [...] usan exclusivamente para designar el caballo 'bayo oscuro'. Esta exclusividad nos induce a creer que la voz no es genuinamente mandinga, y acaso proceda del vocablo *zambo*, de más al sur» (s.v.). Ciertamente, la etimología no es impecable, y nos queda más de una duda en ese recorrido por el mandinga y otras lenguas más me-

---

[885] *Pint. colonial*, p. 32 y lám. 10.

[886] *Sanbaigo* se escribe dos veces en un lienzo de mestizaje del museo de Méjico, que dio a conocer Blanchard II, §§ 12 y 13. Cfr. León, p. 45 (núms. 12 y 13).

ridionales. Krüger rechazó reiteradamente la etimología propuesta por Friederici y redujo nuestro término a *zambo* [887].

El *zambaigo* suele vestir como caballero y, posiblemente, se dedica a asuntos curialescos; al menos tal puede inferirse de la descripción que hace León de un cuadro del museo de Méjico [888]. Friederici (s.v. *zambahigo*) adujo testimonios de la forma que ahora comento. Merece la pena recordar el de López de Velasco [1574] para quien los *zambaigos* «vienen a ser la gente más peor y vil que en aquellas partes hay» [889].

Reduciendo alguno de los cruces que dan *zambaigo* a las proporciones de Aranzadi, tendríamos que al resultado se llegó por una mezcla de 264 indios, 173 negros y 75 blancos, al menos según el cuadro que analiza (p. 1094 a).

* * *

zambayo (de *zambo*), adj. *Méj.* Hijo de cambujo e india [890]. // 2. *Méj.* Hijo de lobo e india [891]. // 3. *Méj.* Hijo de negro e india, zambo [892].

Santamaría [1942], s.v. *cambujo*, da las equivalencias de *zambo*, *zambayo* y *cambujo*.

Teniendo en cuenta las variantes que poseemos, no creo que *zambayo* sea una mala lectura de *zambaigo*, sino forma bien diferenciada. No se olvide que en portugués *zambaio* 'tuerto' está dentro de un campo semántico al que pertenecen las palabras *zambaigo* y *zambo*. Obsérvese que todos estos términos se aducen

---
[887] En la reseña del *Am. Wört.* («Nueva Revista de Filología Hispánica», II, 1948, pp. 387, 390-392).
[888] P. 45 (núm. 13.)
[889] Cit., también, por Rosenblat, p. 167.
[890] León, p. 26 y lám. 44; Pérez de Barradas, p. 239, § 56; Rosenblat, p. 178, § h.44; Woodbridge, p. 360.
[891] Blanchard I, p. 62, § 9; León, p. 53, núm. 9; Pérez de Barradas, p. 237, § 97, y p. 238, § 102; Rosenblat, p. 170, § 5.9.
[892] Pérez de Barradas, p. 235, § 46.

como analógicos [893] y que nuestra primera acepción es la que hemos dado como tercera de *zambaigo*, y la segunda se corresponde fielmente con la quinta de *zambaigo*. Creo que debemos estudiar conjuntamente todas estas voces (y *zambí*, *-s*) para intentar obtener una explicación válida.

Blanchard II, en su lámina X [894], representó una escena familiar en la que el *zambayo* tiene importante participación. Nos interesa ahora ver qué deducciones sociales podemos inferir de ese grupo: la india es panadera y el hombre, semidesnudo, portea sobre la cabeza una gran batea tejida; el fondo del cuadro está cerrado por una estera.

* * *

zambí. Nacido de negra e india [895].

El término coincide con *zambo* (1.ª acep.). Como la voz se nos ha transmitido por Virey (II, pp. 128 y 129), que copia a Humboldt, y es sabido su defectuoso conocimiento del español y que, además, él mismo imprime *zambo* dos líneas después y otra vez en la página siguiente, habrá que pensar en un nuevo error de transmisión producido por una errata de lectura o de imprenta.

Vid. la voz siguiente.

* * *

zambís. *Perú.* Cambujo (3.ª acep.) y zambo (3.ª acep.) [896]. // 2. *Perú.* Zambo [897].

Se da como equivalente de *lobo*, aunque no consta este cruce en las acepciones que he recogido de la palabra. La localización

---
[893] Rosenblat, p. 178, § j.44.
[894] Más minuciosa descripción en León, p. 55, núm. 10.
[895] Santamaría [1942], s.v.
[896] León, p. 24 (s.v. *lobo*; errata, *lob*); Rosenblat, p. 178, nota 2. Informe que procede de Alzate.
[897] León, p. 27.

Zamba. Lámina núm. 48. Trujillo del Perú. Tomo II

de la voz en un cuadro mejicano puede no ser definitiva para identificarla; se trata evidentemente de *zambo* con su sufijo alternante *-í/ís* [898]. La primera de estas formas serviría para considerar la voz como un falso arabismo; la segunda, para acercarla —también en grafía— a algún cubanismo como *mambís* 'insurrecto'. No conozco la historia de esta palabra, que falta en Corominas y Friederici [899], pero creo que tendrá que ver con *mambo*.

Que *zambí* y *zambís* [900] vienen a ser lo mismo, se comprueba por el valor de las definiciones: la primera de estas palabras hace referencia a un cruce de negro e india, pero la segunda —a pesar de su apariencia— viene a decir lo mismo, pues no es otra cosa que un *tentenelaire* como resultado de un doble cruce de negro e india.

* * *

zambo. Hijo de negro e india [901]. // 2. *Bolivia, Colombia, Perú, Ecuador, Chile.* Mulato [902]. // 3. *Perú.* Hijo de negro y mulata [903]. // 4. *Méj., Venez., Colom., Perú.* Resultado de la unión

---

[898] Cfr. la alternativa en los americanismos *changüí(s)* 'engaño', *maní(s)*.

[899] En el *DRAE*, por sorprendente que parezca, no aparece hasta la edición de 1956.

[900] Falta en el *DRAE*.

[901] *DRAE*, s.v.; Alamán [1848], p. 14, nota 3; Herrera-Cícero [1895], pp. 87, 89; Riva Palacio, p. 472 *b*; Bayo, *Provinc. Arg., y Bolivia* [1906], s.v.; Blanchard II, p. 52; Segovia, *Dicc. argent.* [1911], s.v.; Ortiz, *Glos. afron.* 1924], s.v.; Pérez de Barradas, p. 235, § 45; Malaret, *Amer. copla popular* [1967], s.v.; Valle, *Dicc. Nicar.* [1948], s.v.; Boutron, *Vida rural Uruguay* [edic. 1953], p. 57; Mateus, *Prov. Ecuat.* [1953], s.v.; Friederici [1960], s.v.; Rosenblat, p. 175, § f, primer grado, 3 (se da como equivalencia de *lobo* o *chino*); *ib.*, p. 178, § j.51; Morínigo [1966], s.v.; Woodbridge, p. 361; Korth [1966], p. 300; Moreno, p. 212; Moreno, *Cuadros*, p. 141. «Zambo es [...] cuando un negro ha engendrado en una india» (Gómez Vidaurre, *Hist. Chile* [1889], II, p. 264).

[902] Santamaría [1942], § 3; Morínigo [1966], s.v.; «Bol. Acad. Peruana», X, 1975, p. 78.

[903] Alcedo, *Voc. voces Amér.* [1789], s.v.; Virey II, p. 128; León, p. 27; *ib.*, p. 39; Rosenblat, p. 75, § e.8; *ib.*, p. 175, § f, segundo grado (equivale a *grifo* o *cabro*, sigue a Virey); Moreno, *Cuadros*, p. 141.

de negro y sus mezclas (mulato, cambujo, tercerón, cuarterón, quinterón) con india [904]. // 5. Cruce de negro y china [905]. // 6. *Perú.* Cruce de negro y cuarterona [906]. // =**cabra**. *Brasil.* Cruce de mulato y negra. *Vid. zambo grifo.* // =**de indio**. *Vid. zambo cabra* [909]. // =**prieto**. *Méj., Perú, Cuba.* Hijo de negro y zamba [910] o hijo de lobo y negra [911]. // =**retorno**. *Vid. zambo cabra* [912].

Para la equivalencia de ésta con las voces *zambaigo, zambayo* y *cambujo, vid.* Santamaría [1942], s.v.

Como se ve en la enumeración anterior, *zambo* es un cruce en el que constantemente aparece el negro, sea de manera directa, sea, más rara vez, a través de cruces anteriores. De ahí no es difícil que pase a significar 'mulato', según se recoge en algún autor ecuatoriano, como Abel Romeo Castilla [913], o en algún diccionario, como el *Suplemento* de Malaret [1944]. Nada extraña

---

[904] Virey, § 3 (primer grado); Herrera-Cícero, p. 90; Riva Palacio, p. 472 b; Pérez de Barradas, p. 238, § 103; Rosenblat, p. 174, § c.6; *ib.*, p. 176, § g.2 (sinónimo de *chino*), como en Humboldt, II, VII, 90 a); *ib.*, §§ 4.12 y 13 (equivale a *zambaigo*); *ib.*, p. 177, § i.17; Santamaría [1942], s.v. *zambo* (equivale a *zambo grifo* o *zambo retorno*).
[905] Virey, § 5 (segundo grado), a quien sigue Rosenblat, p. 175, § f, segundo grado. 5.
[906] Según un cuadro del Museo Etnológico de Madrid (Pérez de Barradas, p. 234, § 39).
[907] Alcedo [1789], da esta acepción oponiéndola al simple *zambo*, y dice ser lo mismo que *cambujo* en la Nueva España; de él toma León, p. 27, y de éste Rosenblat, p. 172, § 7.9; León, p. 39. Woodbridge confunde la información (p. 361). Cfr. Aranzadi, p. 1092 b.
[908] Santamaría [1942], s.v. *zambo*.
[909] Como la nota anterior.
[910] Humboldt, II, VII, p. 90 a; Virey, II, p. 128; Herrera-Cícero [1895], p. 89; Riva Palacio, p. 472 b; Blanchard II, p. 52; Pérez de Barradas, p. 235, § 51; Rosenblat, p. 175, § e.9; *ib.*, § f, segundo grado. 11; *ib.*, p. 177, § i.6; *ib.*, p. 178, § j. 52.
[911] Santamaría [1942], s.v. *chino y zambo*; Woodbridge, p. 361.
[912] Santamaría [1942], s.v. *zambo*; Woodbridge, p. 361.
[913] Apud Malaret, *Amer. lengua lit.* [1952-53], s.v.

que algunas características del *zambo* sirvieran para designar peculiaridades de otros seres; así a quien tiene crespo el cabello, según testimonios de Ciro Bayo [1906], para Argentina y Bolivia, o de Mateus [1933], para el Ecuador; a quien posee determinado matiz en la piel, como recogió Luis Flórez en Colombia [914] o a cierto color del pelo de los caballos [915] y al color rojo oscuro de los gallos [916]. De otras condiciones físicas de los *zambos*, procede la ponderación de robustez y apostura con que se habla de la gente popular en Venezuela [917], mientras que los rasgos negativos, también dan lugar a nuevas motivaciones: en 1789, Alcedo escribió: «es la casta más despreciada de todas por sus perversas costumbres» [918]. Con este juicio no extraña que pase a ser 'persona zafia', 'molestón' o, simplemente, insulto [919].

En la literatura, la voz no tiene —es lógico— tantas matizaciones como hemos recogido en lexicografía. La palabra se atestigua en documentos más o menos precisos, y eso es todo [920]. Hay una antología de la voz en los cantos populares [921] y se acredita en infinidad de autores de todos los países [922]. Cuando Sarmiento

---

[914] *Léxico cuerpo humano en Colombia* [1969], p. 123.
[915] *BICC*, V, 1949, p. 145.
[916] Alvarado, *Glos. bajo es. Venez.* [c. 1929], edic. 1954, s.v.
[917] *Ib.*, s.v.
[918] *Vocab. voces Amér.* [1789], s.v. Cfr.: «el mixto de indio y negro, que designábase con el nombre de *zambo*, considerado como inferior al mulato» (Rojas, *Blasón* [1910], edic. 1941, p. 113).
[919] Tobón Betancourt, *Colomb.* [1962], s.v. Paralelamente (*vid. cholo, negro, mulato*, etc.) se puede utilizar como término cariñoso.
[920] Mutis, *Escritos* [1761], edic. 1911, p. 480, no apuraba mucho las cosas: «Allí encontré un *zambo* de mulato» (Cfr. Kany, *Semántica*, p. 32).
[921] Malaret, *América en la copla popular* [1947], s.v.
[922] Cfr. Isaacs (*María* [1867], edic. 1945, p. 438), Palma (*Tradiciones* [1880], edic. 1888, p. 128), Montalvo (*Siete tratados* [1882], I, p. 93), Obligado (*Trad. arg.* [1903], pp. 135 y 194), R. Rojas (*Blasón* [1910], edic. 1941, p. 113), E. J. Palacios (*Paisajes* [1914], edic. 1916, p. 118), T. Carrasquilla (*Marquesa Yolombó* [1928], edic. 1952, pp. 406 *a*, 411 *b*), A. Uslar-Pietri (*Red* [1936], edic. 1967, pp. 407 y 467), M. A. Asturias (*Papa verde* [1952], edic. 1966, pp. 10 y 93), Julio R. Ribeyro (*De la juventud en la otra ribera* [1983], pp. 139, 143), etc.

en su *Prosa* [1842] habla de los descendientes de los negros, dice con total exactitud: «la raza africana [...] fue degenerando [...] en una hermosa progenie de *zambos* y mulatos» [923]. Pero no es necesario llegar tan tarde: en 1688, el obispo Fernández de Piedrahíta publica su *Historia general de las conquistas del Nuevo Reino de Granada* y estampa en medio de su asombro: «del desenfrenamiento con que [...] se han mezclado [...] se sigue [...] la muchedumbre de mestizos, *zambos* y cholos que ay» (p. 221 *b*) [924].

Queda por analizar una última cuestión, la etimológica. En 1924, Fernando Ortiz, en su *Glosario de afronegrismos*, había dado para *zambo* un origen africano, «del sur de Guinea, que hoy suena en el Dahomey, donde significa 'crepúsculo vespertino'; y véase con cuanta propiedad le fue aplicada a los mestizos de padre negro y madre cobriza». Si todo el fundamento de la etimología es que de 'crepúsculo vespertino' se pasa con mucha propiedad al mestizo de negro e india, estaremos en el camino de los etimologistas que censuró Quevedo.

Tampoco es mucho mejor la otra etimología africana propuesta: *nzambu* en una lengua congo significa 'mono', «y conocido es el uso de similares adaptaciones de los vocablos para análogos sentidos despectivos» [925]. Ampliando la descripción del simio [926], Santamaría [1942] aceptó el étimon.

Varios motivos me llevan a desestimar estas etimologías. Como cuestión general hay que evocar la cronología: *zambo* aparece en una descripción de la villa de Pánuco: «Tienen los vecinos de

---

[923] Edic. 1943, p. 150. También en el *Facundo* [1845], edic. 1952, p. 24, etcétera. La misma precisión en M. A. Segura (*Juguete* [1858], edic. 1885, II, p. 256), F. González (*Mi Simón Bolívar* [1930], p. 21), R. Maeztu (*Defensa Hisp.* [1931], edic. 1941, p. 206).

[924] El *zambo* vino a ser una mezcla no bien determinada, pero con predominio de los aspectos negros; se puede ver en muchos textos citados en las notas precedentes, y, en este nuevo testimonio: «Los profesores iban desde *zambo* clarón, buenmozón incluso, hasta el negro retinto» (Alfredo Breyce Echenique, *Un mundo para Julius*, Barcelona, 1970, p. 375).

[925] Ortiz, *Glos. afron.* [1924], s.v. *zambo, -a*.

[926] Servilmente copiada del *DRAE*, § 3.

esta villa [...] dos mulatos y dos mulatas, y siete negros y tres negras [...]; además de los quales tienen entre negros y *zambos* libres, treinta y cuatro personas» [927]. Si este *zambo* era tan viejo, no parece razonable pensar en un origen africano, difundido por los negros (que no se verían como *zambos*), aceptado por los blancos y generalizado ya. Tampoco parece lógico que los negros vieran un mono americano, lo identificaran con el suyo y este error cobrara carta de naturaleza en la lengua común, y pasara pronto a España; pues Diego Funes en su *Hist. general de las aves y animales* [1621] sabía que «el cinozephalo [...] (a quien nosotros llamamos *zambo*) es especie de simia» [928], y el autor del *Estebanillo González* [1646] documenta este pasaje: «Representaba yo el *zambo* mayor de aquellos doce monos» [929]. Fernando Ortiz, con su celo antiacadémico, rechaza la explicación del *DRAE* («[el simio tiene] pelaje de color pardo amarillento, como el cabello de los mestizos zambos»), que, a pesar de lo que él dice, no intenta ninguna etimología ni permite deducir nada de su comparación. Sobre tan tenues fundamentos escribe: «más bien pudiera proponerse que el *zambo* étnico procede del color *zambo* del mono, y no al contrario» [930]. Tampoco creo que un mono, de cualquier manera no demasiado familiar, pudiera dar nombre a una clase de mulatismo, sobre todo si se piensa que se trata de un mono americano, rebautizado —lo que no parece muy lógico— con una palabra africana. Si es mono americano, tendrá nombre indígena o el que los españoles le hayan dado [931]. Ante todo este cúmulo de dificultades habrá que volver a la etimología de los romanistas, probablemente del latín vulgar s t r a m b u s 'de forma irregular', 'bizco', y aún debe añadirse que la Academia, desde

---

[927] *Codoin Amér.*, IX, p. 113. Documento, al parecer, de comienzos del siglo XVII.
[928] Edic. 1625, p. 392.
[929] BBAAEE, t. XXXIII, p. 334 *a*.
[930] *Glos. afron.* [1924], s.v. *zambo*.
[931] Y aun habría que señalar que es un mono propio de Sudamérica (Santamaría, s.v.; Yrarrázaval, *Chilenismos* [1945], s.v.).

1970, la viene dando como más verosímil. Tras una serie de brillantes argumentos presentados por Corominas (*DCELC*, s.v. *zambo*) debemos pensar en la probabilidad del étimon, aunque quede la duda de la eliminación de la *r* (<*eçrambo). Pero de cualquier modo es más probable esto que cuanto se ha dicho en otros sitios. Ahora bien, el cambio semántico no es imposible: pensemos que las lenguas romances conservan a los herederos de s t r a m b u s tanto en la acepción de 'patizambo' como en la de 'bizco'[932]; son casos en los que una determinada forma recta se ha torcido (cfr. *tuerto* 'bizco') y no sería extraño que así se interpretara este mestizaje de dos grupos socialmente relegados; más aún, si, como dice Lenz, las piernas de los negros, por tener pantorrillas delgadas, resultan deformes para los blancos. *Zambo*, pues significativamente deberá explicarse desde 'torcido' y no desde 'crepúsculo vespertino' o desde 'mono'. Como casi todo este variadísimo conjunto lexicográfico, se trata de una palabra romance importada al Nuevo Mundo. Pero no española, sino portuguesa, como trataré de explicar.

Los diccionarios portugueses recogen tanto *zambro* como *zambo* (Moraes, Figueiredo) con referencia al 'que ajunta as pernas nos joelhos' y la derivación también parece portuguesa, pues *cambaio* es lo mismo que 'cambado' o *zambaio* 'bizco', dentro del grupo semántico que nos interesa; mientras que los castellanos *lacayo* o *zanguayo*, no parecen tener mucho que ver aquí, y *mitayo* 'trabajador de la mita' queda muy aislado en el conjunto con un sufijo que no es activo. Y acaso, también, desde este *zambaio* portugués, se explicara directamente el *zambaigo* castellano.

La mezcla de sangres en el *zambo* sería del 50 % de india y negra, mientras que la del *zambo prieto* tendría un 25 % de india y un 75 % de negra[933].

---

[932] El primer motivo perdura; el segundo consta en Lope de Vega: «¡Mírame con ojos *zambos*!». «Son señas de regodeo» (*La esclava de su galán*, BAAEE, XXXIV, p. 495 *a*).

[933] León, gráficos 51. 52.

ABREVIATURAS BIBLIOGRAFICAS

EN la lista que sigue, doy únicamente las referencias a obras que uso con frecuencia y que por ello cito de forma abreviada. Pero un trabajo como éste, sobre todo en el repertorio léxico, hace mención de infinidad de léxicos, obras literarias, etc., que de ir citadas *in extenso* haría inacabable esta bibliografía. Del mismo modo, incluirlas aquí daría a este índice una extensión improcedente. He seguido un criterio razonable: cito tales obras con el nombre del autor y una referencia fácilmente identificable; además, doy la fecha de la primera edición y la de la impresión que manejo. Confío remediar el enfado de unas descripciones inacabables y ayudar a cualquier comprobación que el lector quiera hacer.

Alamán	Lucas Alamán, *Historia de Méjico*, Méjico, 1849-1832 [cito por la edic. de 1972].
Alcedo	Antonio de Alcedo, *Vocabulario de voces de América*, Madrid, 1786-1781.
Antón	Manuel Antón, *Antropología o historia natural del hombre*, Madrid, 1927.
Aranzadi	Telesforo de Aranzadi, *Mestizo* («Enciclopedia Universal Ilustrada Hispanoamericana», t. XXXIV, pp. 1090 a-1094 b). La autoría del artículo está acreditada por Barras de Aragón (p. 158) y Caro Baroja (p. 14).

Avisos	*Avisos para la acertada conducta de un párroco en América* [post. 1766], incluido en *Conc. I*.
BAA5E	*Biblioteca de Autores Españoles*, Madrid.
BAAL	*Boletín de la Academia Argentina de Letras*, Buenos Aires.
Barras de Aragón	Francisco de las Barras de Aragón, *Noticia de varios cuadros pintados en el siglo XVIII representando mestizajes y tipos de razas indígenas de América y alguons casos anormales*, «Memorias de la Real Sociedad Española de Historia Natural», 1729, pp. 155-168.
BAVenez.	*Boletín de la Academia Venezolana*, Caracas.
BIFUChile	*Boletín del Instituto de Filología de la Universidad de Chile*, Santiago de Chile.
Blanchard	R. Blanchard, *Les tableaux de métissage au Mexique*, «Journal Société d'Americanistes», París, V, 1908, pp. 59-66.
Blanchard II	*Encore sur les tableaux de métissage du Musée de Mexico*, «Journal Société de'Americanistes», París, III, 1910, pp. 37-60.
Boxer	C. R. Boxer, *The Church Militant and Iberian Expanion, 1440-1770*, Baltimore-London, 1978.
Boxer, *Woman*	C. R. Boxer, *Women in Iberian Expansion Overseas, 1415-1815. Some Facts, Fancies and Personalities*, Nueva York, 1975.
Calderón	Antonio Calderón Quijano, *Población y raza en Hispanoamérica*, «Anuario de Estudios Americanos», XXVII, 1970, pp. 733-785.
Caro Baroja	Julio Caro Baroja, *Mestizo y mestizaje. A propósito de unos cuadros peruanos*, «América 92», núm. 7 (1986), pp. 14-19.
Conc. I	Cardenal Francisco Antonio de Lorenzana, *Concilios provinciales de México*, México, 1769.
Cícero	*Vid.* Herrera-Cícero.
Codoin Am.	Real Academia de la Historia, *Colección de documentos inéditos* [...] *de las antiguas posesiones españolas de Ultramar*, Madrid.

Conc. III	Fortunio Hipólito Veres, *Compendio Histórico del Concilio III mexicano, o índices de los tres tomos de la colección del mismo Concilio* (2 vols.), Amecameca, 1874.
Concilium III	*Concilium Mexicanum Provinciale III celebratum mexici Anno MDLXXXV*, edit. D. D. Francisci Antonii a Lorenzana, Archipraesulis, México, MDCCLXX.
DCELC	Juan Corominas, *Diccionario crítico etimológico de la lengua castellana*, Madrid, 1954-1957.
Deive	Carlos Esteban Deive, *Diccionario de Dominicanismos*, Santo Domingo, 1977.
Deniker	J. Deniker, *The Races of the Man: An Outline of Anthropology and Ethnography*, Nueva York, 1909.
Dicc. Hist.	Real Academia Española, *Diccionario Histórico de la Lengua Española*, Madrid, 1972 y siguientes.
Dicc. Hist. 1933 y 1936	Academia Española, *Diccionario Histórico de la Lengua Española*, Madrid, 1933-1936.
DRAE	Real Academia Española, *Diccionario de la Lengua Española* (se consigna la edición que se maneja. La vigésima es de 1984).
Franciosini	Lorenzo Franciosini, *Vocabulario español e italiano e italiano e spagnolo*, Roma, 1620.
Friederici	Georg Friederici, *Amerikanistischen Wörterbuch*, Hamburgo, 1947.
Granda	Germán de Granda, *Estudios lingüísticos hispánicos, afrohispánicos y criollos*, Madrid, 1978.
Hamy	E.-T. Hamy, *Pintures ethnographiques d'Ignacio de Castro*, «Decades Americanae», I y II, París.
Heger	Franz Heger, *Einer weitere neue Serie von Oelbildern, welche die Mischungsverhältnisse der verschiedenen Rassen in Mexico zur Darstellung bringt*, «Proceedings of the XVIII Session. International Congress of Americanists, Londres, 1912, t. II, pp. 461-463.
Herrera-Cícero	Alfonso L. Herrera y Ricardo E. Cícero, *Catálogo de la colección de Antropología del Museo Nacional*, México, 1895.

Hoyos, *Lecc. Antrop.*	Luis de Hoyos Sainz, *Lecciones de Antropología*, Madrid, 1900.
Humboldt	Alejandro de Humboldt, *Ensayo político sobre el reino de la Nueva España*, edic. Juan A. Ortega y Medina, México, 1966.
Jaramillo	Pío Jaramillo Alvarado, *El indio ecuatoriano* (3.ª edic.), Quito, 1136.
Kany, *Semántica*	Charles E. Kany, *Semántica hispanoamericana*, trad. Luis Escobar Bareño, Madrid, 1963.
Korth	Eugene H. Korth, S. J., *Spanish Policy in Colonial Chile. The Straggle for Social Justice*, Stanford, Ca., 1968.
León	Nicolás León, *Noticias etno-antropológicas de las castas del México colonial o Nueva España*, México, 1929.
Malaret, *Supl.*	Augusto Malaret, *Suplemento al Diccionario de Americanismos*, Buenos Aires, 1942-1944.
Molnar	Stephen Molnar, *Races, Types, and Ethnic Groups. The Problem of Human Variation*, Englewood Cliffs, N.J., 1965.
Moreno, *Cuadros*	Isidoro Moreno Navarro, *Los cuadros del mestizaje americano. Estudio antropológico del Mestizaje*, Madrid, 1973.
Moreno	Isidoro Moreno Navarro, *Un aspecto del mestizaje americano: el problema de la terminología*, «Revista Española de Antropología Americana», IV, 1969, pp. 201-217.
Morínigo	Marcos A. Morínigo, *Diccionario de americanismos*, Buenos Aires, 1966.
Mörner	Magnus Mörner, *La mezcla de razas en la historia de la América Latina* (trad. J. Piatigorsky), Buenos Aires, 1969.
NBAAEE	*Nueva Biblioteca de Autores Españoles*, Madrid.
Pérez de Barradas	José Pérez de Barradas, *Los mestizos de América*, «Colección Austral», núm. 1610.

Pint. Colonial	María Concepción García Saiz, *La pintura colonial en el Museo de América (I): La escuela mexicana*, Madrid, 1980.
Pittard	Eugène Pittard, *Les races et l'Histoire. Introduction ethnologique a l'Histoire*, París, 1924.
RDTP	*Revista de Dialectología y Tradiciones Populares*, Madrid.
Riva Palacio	Vicente Riva Palacio, *México a través de los siglos. Historia general y completa de México*, t. II, Barcelona, s.a.
Rosenblat	Angel Rosenblat, *La población indígena y el mestizaje en América* (2 vols.), Buenos Aires, 1954.
Rubio, *Méxic.*	Darío Rubio Ricardo del Castillo, *El lenguaje popular mexicano*, México, 1927.
Santamaría	Francisco J. Santamaría, *Diccionario general de americanismos* (3 vols.), Méjico, 1942.
Solano	Francisco de Solano y Pérez-Lila, *Estudio socioantropológico de la población rural no indígena de Yucatán, 1700*, México, Yucatán, 1975.
Steiger	Arnald Steiger, *Contribución a la fonética del hispano-árabe y de los arabismos en el ibero-románico yel siciliano*, Madrid, 1932.
Stevens	John Stevens, *A new Spanish and English Dictionary*, Londres, 1706.
Varey	J. J. Varey, *Histoire naturelle du genre humain* [primera edición, 1801], Bruselas, 1834.
Vera	*Vid. Conc. III.*
Woodbridge	Hensley C. Woodbridge, *Glosary of Names Used in Colonial Latin America for Crosses among Indians, Negroes, and Whites*, «Journal of the Washington Academy of Sciences», XXXVIII, 1948, pp. 353-362.

ÍNDICE

	Pág.
Introducción	9
Primera parte. ESTUDIO DE LA CUESTIÓN	13
Introducción	17
Razas y castas	23
Los cuadros del mestizaje	33
Ordenación de datos	43
Biología y sociedad	47
El contrapunto de Concolorcorvo	53
Valor léxico del mestizaje	67
Formación de este léxico	73
A manera de despedida	83
Segunda parte. VOCABULARIO	87
Abreviaturas bibliográficas	217